VORWORT

Die Sammlung "Alles wird gut!" von T&P Books ist für Menschen, die für Tourismus und Geschäftsreisen ins Ausland reisen. Die Sprachführer beinhalten, was am wichtigsten ist - die Grundlagen für eine grundlegende Kommunikation. Dies ist eine unverzichtbare Reihe von Sätzen um zu "überleben", während Sie im Ausland sind.

Dieser Sprachführer wird Ihnen in den meisten Fällen helfen, in denen Sie etwas fragen müssen, Richtungsangaben benötigen, wissen wollen wie viel etwas kostet usw. Es kann auch schwierige Kommunikationssituationen lösen, bei denen Gesten einfach nicht hilfreich sind.

Dieses Buch beinhaltet viele Sätze, die nach den wichtigsten Themen gruppiert wurden. Die Ausgabe enthält auch einen kleinen Wortschatz, der etwa 3.000 der am häufigsten verwendeten Wörter enthält. Ein weiterer Abschnitt des Sprachführers bietet ein gastronomisches Wörterbuch, das Ihnen helfen könnte, Essen in einem Restaurant zu bestellen oder Lebensmittel in einem Lebensmittelladen zu kaufen.

Nehmen Sie den "Alles wird gut" Sprachführer mit Ihnen auf die Reise und Sie werden einen unersetzlichen Begleiter haben, der Ihnen helfen wird, Ihren Weg aus jeder Situation zu finden und Ihnen beibringen wird keine Angst beim Sprechen mit Ausländern zu haben.

INHALTSVERZEICHNIS

T&P Books Publishing

Reisesprachführersammlung
"Alles wird gut!"

T&P Books Publishing

SPRACHFÜHRER

— TÜRKISCH —

Andrey Taranov

Die nützlichsten Wörter und Sätze

Dieser Sprachführer
beinhaltet die häufigsten
Sätze und Fragen,
die für die grundlegende
Kommunikation mit
Ausländern benötigt wird

T&P BOOKS

Sprachführer + Wörterbuch mit 3000 Wörtern

Sprachführer Deutsch-Türkisch und thematischer Wortschatz mit 3000 Wörtern

Von Andrey Taranov

Die Sammlung "Alles wird gut!" von T&P Books ist für Menschen, die für Tourismus und Geschäftsreisen ins Ausland reisen. Die Sprachführer beinhalten, was am wichtigsten ist - die Grundlagen für eine grundlegende Kommunikation. Dies ist eine unverzichtbare Reihe von Sätzen um zu "überleben", während Sie im Ausland sind.

Dieses Buch beinhaltet auch ein kleines Vokabular mit etwa 3000, am häufigsten verwendeten Wörtern. Ein weiterer Abschnitt des Sprachführers bietet ein gastronomisches Wörterbuch, das Ihnen helfen kann, Essen in einem Restaurant zu bestellen oder Lebensmittel im Lebensmittelladen zu kaufen.

T&P Books Publishing
www.tpbooks.com

ISBN: 978-1-78492-512-3

Dieses Buch ist auch im E-Book Format erhältlich.
Besuchen Sie uns auch auf www.tpbooks.com oder auf einer der bedeutenden Buchhandlungen online.

AUSSPRACHE

T&P phonetisches Alphabet	Türkisch Beispiel	Deutsch Beispiel

Vokale

[a]	**akşam** [akʃam]	schwarz
[e]	**kemer** [kemer]	hängen
[i]	**bitki** [bitki]	ihr, finden
[ı]	**fırıncı** [fırındʒı]	Mitte
[o]	**foto** [foto]	orange
[u]	**kurşun** [kurʃun]	kurz
[ø]	**römorkör** [rømorkør]	können
[y]	**cümle** [dʒymle]	über, dünn

Konsonanten

[b]	**baba** [baba]	Brille
[d]	**ahududu** [ahududu]	Detektiv
[dʒ]	**acil** [adʒil]	Kambodscha
[f]	**felsefe** [felsefe]	fünf
[g]	**guguk** [guguk]	gelb
[ʒ]	**Japon** [ʒapon]	Regisseur
[j]	**kayak** [kajak]	Jacke
[h]	**merhaba** [merhaba]	brauchbar
[k]	**okumak** [okumak]	Kalender
[l]	**sağlıklı** [saalıklı]	Juli
[m]	**mermer** [mermer]	Mitte
[n]	**nadiren** [nadiren]	nicht
[p]	**papaz** [papaz]	Polizei
[r]	**rehber** [rehber]	richtig
[s]	**saksağan** [saksaan]	sein
[ʃ]	**şalgam** [ʃalgam]	Chance
[t]	**takvim** [takvim]	still
[tʃ]	**çelik** [tʃelik]	Matsch
[v]	**Varşova** [varʃova]	November
[z]	**kuzey** [kuzej]	sein

LISTE DER ABKÜRZUNGEN

Deutsch. Abkürzungen

Adj	-	Adjektiv
Adv	-	Adverb
Amtsspr.	-	Amtssprache
f	-	Femininum
f, n	-	Femininum, Neutrum
Fem.	-	Femininum
m	-	Maskulinum
m, f	-	Maskulinum, Femininum
m, n	-	Maskulinum, Neutrum
Mask.	-	Maskulinum
n	-	Neutrum
pl	-	Plural
Sg.	-	Singular
ugs.	-	umgangssprachlich
unzähl.	-	unzählbar
usw.	-	und so weiter
v mod	-	Modalverb
vi	-	intransitives Verb
vi, vt	-	intransitives, transitives Verb
vt	-	transitives Verb
zähl.	-	zählbar
z.B.	-	zum Beispiel

TÜRKISCHER SPRACHFÜHRER

Dieser Teil beinhaltet wichtige Sätze, die sich in verschiedenen realen Situationen als nützlich erweisen können.
Der Sprachführer wird Ihnen dabei helfen nach dem Weg zu fragen, einen Preis zu klären, Tickets zu kaufen und Essen in einem Restaurant zu bestellen.

T&P Books Publishing

INHALT SPRACHFÜHRER

T&P Books Publishing

Das absolute Minimum

Entschuldigen Sie bitte, ...	**Affedersiniz, ...** [affedersiniz, ...]
Hallo.	**Merhaba.** [merhaba]
Danke.	**Teşekkürler.** [teʃekkyrler]
Auf Wiedersehen.	**Hoşça kalın.** [hoʃʧa kalın]
Ja.	**Evet.** [evet]
Nein.	**Hayır.** [hajır]
Ich weiß nicht.	**Bilmiyorum.** [bilmijorum]
Wo? | Wohin? | Wann?	**Nerede? | Nereye? | Ne zaman?** [nerede? | nereje? | ne zaman?]

Ich brauche ...	**Bana ... lazım.** [bana ... lazım]
Ich möchte ...	**... istiyorum.** [... istijorum]
Haben Sie ...?	**Sizde ... var mı?** [sizde ... var mı?]
Gibt es hier ...?	**Burada ... var mı?** [burada ... var mı?]
Kann ich ...?	**... yapabilir miyim?** [... japabilir mijim?]
Bitte (anfragen)	**..., lütfen** [..., lytfen]

Ich suche ...	**Ben ... arıyorum.** [ben ... arıjorum]
die Toilette	**tuvaleti** [tuvaleti]
den Geldautomat	**bankamatik** [bankamatik]
die Apotheke	**eczane** [edʒzane]
das Krankenhaus	**hastane** [hastane]
die Polizeistation	**karakolu** [karakolu]
die U-Bahn	**metroyu** [metroju]

| das Taxi | **taksi**
[taksi] |
| den Bahnhof | **tren istasyonunu**
[tren istasjonunu] |

Ich heiße ...	**Benim adım ...** [benim adım ...]
Wie heißen Sie?	**Adınız nedir?** [adınız nedir?]
Helfen Sie mir bitte.	**Bana yardım edebilir misiniz, lütfen?** [bana jardım edebilir misiniz, lytfen?]
Ich habe ein Problem.	**Bir sorunum var.** [bir sorunum var]
Mir ist schlecht.	**Kendimi iyi hissetmiyorum.** [kendimi iji hissetmijorum]
Rufen Sie einen Krankenwagen!	**Ambulans çağırın!** [ambulans tʃaırın!]
Darf ich telefonieren?	**Telefonunuzdan bir arama yapabilir miyim?** [telefonunuzdan bir arama japabilir mijim?]

| Entschuldigung. | **Üzgünüm.**
[yzgynym] |
| Keine Ursache. | **Rica ederim.**
[ridʒa ederim] |

ich	**Ben, bana** [ben, bana]
du	**sen** [sen]
er	**o** [o]
sie	**o** [o]
sie (Pl, Mask.)	**onlar** [onlar]
sie (Pl, Fem.)	**onlar** [onlar]
wir	**biz** [biz]
ihr	**siz** [siz]
Sie	**siz** [siz]

EINGANG	**GİRİŞ** [giriʃ]
AUSGANG	**ÇIKIŞ** [tʃıkıʃ]
AUßER BETRIEB	**HİZMET DIŞI** [hizmet dıʃi]

GESCHLOSSEN	**KAPALI** [kapali]
OFFEN	**AÇIK** [atʃık]
FÜR DAMEN	**KADINLAR İÇİN** [kadinlar itʃin]
FÜR HERREN	**ERKEKLER İÇİN** [erkekler itʃin]

Fragen

Wo?	**Nerede?** [nerede?]
Wohin?	**Nereye?** [nereje?]
Woher?	**Nereden?** [nereden?]
Warum?	**Neden?** [neden?]
Wozu?	**Niçin?** [nitʃin?]
Wann?	**Ne zaman?** [ne zaman?]

Wie lange?	**Ne kadar sürdü?** [ne kadar syrdy?]
Um wie viel Uhr?	**Ne zaman?** [ne zaman?]
Wie viel?	**Ne kadar?** [ne kadar?]
Haben Sie ...?	**Sizde ... var mı?** [sizde ... var mı?]
Wo befindet sich ...?	**... nerede?** [... nerede?]

Wie spät ist es?	**Saat kaç?** [saat katʃ?]
Darf ich telefonieren?	**Telefonunuzdan bir arama yapabilir miyim?** [telefonunuzdan bir arama japabilir mijim?]
Wer ist da?	**Kim o?** [kim o?]
Darf ich hier rauchen?	**Burada sigara içebilir miyim?** [burada sigara itʃebilir mijim?]
Darf ich ...?	**... yapabilir miyim?** [... japabilir mijim?]

Bedürfnisse

Ich hätte gerne …	… istiyorum. [… istijorum]
Ich will nicht …	… istemiyorum. [… istemijorum]
Ich habe Durst.	Susadım. [susadım]
Ich möchte schlafen.	Uyumak istiyorum. [ujumak istijorum]

Ich möchte …	… istiyorum. [… istijorum]
abwaschen	Elimi yüzümü yıkamak [elimi juzymy jıkamak]
mir die Zähne putzen	Dişlerimi fırçalamak [diʃlerimi fırtʃalamak]
eine Weile ausruhen	Biraz dinlenmek [biraz dinlenmek]
meine Kleidung wechseln	Üstümü değiştirmek [ystymy deiʃtirmek]

zurück ins Hotel gehen	Otele geri dönmek [otele geri dønmek]
kaufen …	… satın almak [… satın almak]
gehen …	… gitmek [… gitmek]
besuchen …	… ziyaret etmek [… zijaret etmek]
treffen …	… ile buluşmak [… ile buluʃmak]
einen Anruf tätigen	Bir arama yapmak [bir arama japmak]

Ich bin müde.	Yorgunum. [jorgunum]
Wir sind müde.	Yorgunuz. [jorgunuz]
Mir ist kalt.	Üşüdüm. [yʃydym]
Mir ist heiß.	Sıcakladım. [sıdʒakladım]
Mir passt es.	İyiyim. [ijijim]

Ich muss telefonieren.	**Telefon etmem lazım** [telefon etmem lazım]
Ich muss auf die Toilette.	**Lavaboya gitmem lazım.** [lavaboja gitmem lazım]
Ich muss gehen.	**Gitmem gerek.** [gitmem gerek]
Ich muss jetzt gehen.	**Artık gitmem gerek.** [artık gitmem gerek]

Wie man nach dem Weg fragt

Entschuldigen Sie bitte, ...	**Affedersiniz, ...** [affedersiniz, ...]
Wo befindet sich ...?	**... nerede?** [... nerede?]
Welcher Weg ist ...?	**... ne tarafta?** [... ne tarafta?]
Könnten Sie mir bitte helfen?	**Bana yardımcı olabilir misiniz, lütfen?** [bana jardımdʒı olabilir misiniz, lytfen?]

Ich suche ...	**... arıyorum.** [... arıjorum]
Ich suche den Ausgang.	**Çıkışı arıyorum.** [tʃıkıʃı arıjorum]
Ich fahre nach ...	**... gidiyorum.** [... gidijorum]
Gehe ich richtig nach ...?	**... gitmek için doğru yolda mıyım?** [... gitmek itʃin dooru jolda mıjım?]

Ist es weit?	**Uzak mıdır?** [uzak mıdır?]
Kann ich dort zu Fuß hingehen?	**Oraya yürüyerek gidebilir miyim?** [oraja jurjjerek gidebilir mijim?]
Können Sie es mir auf der Karte zeigen?	**Yerini haritada gösterebilir misiniz?** [jerini haritada gøsterebilir misiniz?]
Zeigen Sie mir wo wir gerade sind.	**Şu an nerede olduğumuzu gösterir misiniz?** [ʃu an nerede olduumuzu gøsterir misiniz?]

Hier	**Burada** [burada]
Dort	**Orada** [orada]
Hierher	**Bu taraftan** [bu taraftan]

Biegen Sie rechts ab.	**Sağa dönün.** [saa dønyn]
Biegen Sie links ab.	**Sola dönün.** [sola dønyn]
erste (zweite, dritte) Abzweigung	**ilk (ikinci, üçüncü) çıkış** [ilk (ikindʒi, ytʃyndʒy) tʃıkıʃ]
nach rechts	**sağa** [saa]

nach links

sola
[sola]

Laufen Sie geradeaus.

Dümdüz gidin.
[dymdyz gidin]

Schilder

HERZLICH WILLKOMMEN!	**HOŞ GELDİNİZ!** [hoʃ geldiniz!]
EINGANG	**GİRİŞ** [giriʃ]
AUSGANG	**ÇIKIŞ** [ʧikiʃ]

DRÜCKEN	**İTİNİZ** [itiniz]
ZIEHEN	**ÇEKİNİZ** [ʧekiniz]
OFFEN	**AÇIK** [aʧik]
GESCHLOSSEN	**KAPALI** [kapali]

FÜR DAMEN	**BAYAN** [bajan]
FÜR HERREN	**BAY** [baj]
HERREN-WC	**BAY** [baj]
DAMEN-WC	**BAYAN** [bajan]

RABATT	REDUZIERT	**İNDİRİM** [indirim]
AUSVERKAUF	**İNDİRİM** [indirim]
GRATIS	**BEDAVA** [bedava]
NEU!	**YENİ!** [jeni!]
ACHTUNG!	**DİKKAT!** [dikkat!]

KEINE ZIMMER FREI	**BOŞ YER YOK** [boʃ jer jok]
RESERVIERT	**REZERVE** [rezerve]
VERWALTUNG	**MÜDÜRİYET** [mydyrijet]
NUR FÜR PERSONAL	**PERSONEL HARİCİ GİRİLMEZ** [personel hariʤi girilmez]

BISSIGER HUND	**DİKKAT KÖPEK VARI** [dikkat køpek var!]
RAUCHEN VERBOTEN!	**SİGARA İÇMEK YASAKTIR!** [sigara itʃmek jasaktir!]
NICHT ANFASSEN!	**DOKUNMAYINIZ!** [dokunmajiniz!]
GEFÄHRLICH	**TEHLİKELİ** [tehlikeli]
GEFAHR	**TEHLİKE** [tehlike]
HOCHSPANNUNG	**YÜKSEK GERİLİM** [juksek gerilim]
BADEN VERBOTEN	**YÜZMEK YASAKTIR!** [juzmek jasaktir!]

AUßER BETRIEB	**HİZMET DIŞI** [hizmet dıʃi]
LEICHTENTZÜNDLICH	**YANICI** [janidʒi]
VERBOTEN	**YASAK** [jasak]
DURCHGANG VERBOTEN	**GİRİLMEZ!** [girilmez!]
FRISCH GESTRICHEN	**YENİ BOYANMIŞ ALAN** [jeni bojanmiʃ alan]

WEGEN RENOVIERUNG GESCHLOSSEN	**TADİLAT SEBEBİYLE KAPALIDIR** [tadilat sebebijle kapalidir]
ACHTUNG BAUARBEITEN	**İLERİDE YOL ÇALIŞMASI VAR** [ileride jol tʃaliʃmasi var]
UMLEITUNG	**TALİ YOL** [tali jol]

Transport - Allgemeine Phrasen

Flugzeug	**uçak** [utʃak]
Zug	**tren** [tren]
Bus	**otobüs** [otobys]
Fähre	**feribot** [feribot]
Taxi	**taksi** [taksi]
Auto	**araba** [araba]

Zeitplan	**tarife** [tarife]
Wo kann ich den Zeitplan sehen?	**Tarifeyi nereden görebilirim?** [tarifeji nereden gørebilirim?]
Arbeitstage	**haftaiçi** [hafta itʃi]
Wochenenden	**haftasonu** [hafta sonu]
Ferien	**tatil günleri** [tatil gynleri]

ABFLUG	**KALKIŞ** [kalkiʃ]
ANKUNFT	**VARIŞ** [variʃ]
VERSPÄTET	**RÖTARLI** [røtarli]
GESTRICHEN	**İPTAL** [iptal]

nächste (Zug, usw.)	**bir sonraki** [bir sonraki]
erste	**ilk** [ilk]
letzte	**son** [son]

Wann kommt der Nächste …?	**Bir sonraki … ne zaman?** [bir sonraki … ne zaman?]
Wann kommt der Erste …?	**İlk … ne zaman?** [ilk … ne zaman?]

Wann kommt der Letzte …?

Son … ne zaman?
[son … ne zaman?]

Transfer

aktarma
[aktarma]

einen Transfer machen

aktarma yapmak
[aktarma japmak]

Muss ich einen Transfer machen?

Aktarma yapmam gerekiyor mu?
[aktarma japmam gerekijor mu?]

Eine Fahrkarte kaufen

Wo kann ich Fahrkarten kaufen?	**Nereden bilet alabilirim?** [nereden bilet alabilirim?]
Fahrkarte	**bilet** [bilet]
Eine Fahrkarte kaufen	**bilet almak** [bilet almak]
Fahrkartenpreis	**bilet fiyatı** [bilet fijatı]
Wohin?	**Nereye?** [nereje?]
Welche Station?	**Hangi istasyona?** [hangi istasjona?]
Ich brauche …	**Bana … lazım.** [bana … lazım]
eine Fahrkarte	**bir bilet** [bir bilet]
zwei Fahrkarten	**iki bilet** [iki bilet]
drei Fahrkarten	**üç bilet** [yʧ bilet]
in eine Richtung	**tek yön** [tek jøn]
hin und zurück	**gidiş-dönüş** [gidiʃ-dønyʃ]
erste Klasse	**birinci sınıf** [birindʒi sınıf]
zweite Klasse	**ikinci sınıf** [ikindʒi sınıf]
heute	**bugün** [bugyn]
morgen	**yarın** [jarın]
übermorgen	**yarından sonraki gün** [jarından sonraki gyn]
am Vormittag	**sabah** [sabah]
am Nachmittag	**öğleden sonra** [ø:leden sonra]
am Abend	**akşam** [akʃam]

Gangplatz

koridor tarafı koltuk
[koridor tarafı koltuk]

Fensterplatz

pencere kenarı koltuk
[pendʒere kenarı koltuk]

Wie viel?

Ne kadar?
[ne kadar?]

Kann ich mit Karte zahlen?

Kredi kartıyla ödeyebilir miyim?
[kredi kartıjla ødejebilir mijim?]

Bus

Bus	**otobüs** [otobys]
Fernbus	**şehirler arası otobüs** [ʃehirler arası otobys]
Bushaltestelle	**otobüs durağı** [otobys duraı]
Wo ist die nächste Bushaltestelle?	**En yakın otobüs durağı nerede?** [en jakın otobys duraı nerede?]
Nummer	**numara** [numara]
Welchen Bus nehme ich um nach ... zu kommen?	**... gitmek için hangi otobüse binmem lazım?** [... gitmek itʃin hangi otobyse binmem lazım?]
Fährt dieser Bus nach ...?	**Bu otobüs ... gider mi?** [bu otobys ... gider mi?]
Wie oft fahren die Busse?	**Ne sıklıkta otobüs var?** [ne sıklıkta otobys var?]
alle fünfzehn Minuten	**on beş dakikada bir** [on beʃ dakikada bir]
jede halbe Stunde	**her yarım saatte bir** [her jarım saatte bir]
jede Stunde	**saat başı** [saat baʃı]
mehrmals täglich	**günde birçok sefer** [gynde birtʃok sefer]
... Mal am Tag	**günde ... kere** [gynde ... kere]
Zeitplan	**tarife** [tarife]
Wo kann ich den Zeitplan sehen?	**Tarifeyi nereden görebilirim?** [tarifeji nereden gørebilirim?]
Wann kommt der nächste Bus?	**Bir sonraki otobüs ne zaman?** [bir sonraki otobys ne zaman?]
Wann kommt der erste Bus?	**İlk otobüs ne zaman?** [ilk otobys ne zaman?]
Wann kommt der letzte Bus?	**Son otobüs ne zaman?** [son otobys ne zaman?]

Halt

durak
[durak]

Nächster Halt

sonraki durak
[sonraki durak]

Letzter Halt

son durak
[son durak]

Halten Sie hier bitte an.

Burada durun lütfen.
[burada durun, lytfen]

Entschuldigen Sie mich,
dies ist meine Haltestelle.

Affedersiniz, bu durakta ineceğim.
[affedersiniz, bu durakta inedʒeim]

Zug

Zug	**tren** [tren]
S-Bahn	**banliyö treni** [banlijø treni]
Fernzug	**uzun mesafe treni** [uzun mesafe treni]
Bahnhof	**tren istasyonu** [tren istasjonu]
Entschuldigen Sie bitte, wo ist der Ausgang zum Bahngleis?	**Affedersiniz, perona nasıl gidebilirim?** [affedersiniz, perona nasıl gidebilirim?]

Fährt dieser Zug nach …?	**Bu tren … gider mi?** [bu tren … gider mi?]
nächste Zug	**bir sonraki tren** [bir sonraki tren]
Wann kommt der nächste Zug?	**Bir sonraki tren ne zaman?** [bir sonraki tren ne zaman?]
Wo kann ich den Zeitplan sehen?	**Tarifeyi nereden görebilirim?** [tarifeji nereden gørebilirim?]
Von welchem Bahngleis?	**Hangi perondan?** [hangi perondan?]
Wann kommt der Zug in … an?	**Tren … ne zaman varır?** [tren … ne zaman varır?]

Helfen Sie mir bitte.	**Lütfen bana yardımcı olur musunuz?** [lytfen bana jardımdʒı olur musunuz?]
Ich suche meinen Platz.	**Yerimi arıyorum.** [jerimi arıjorum]
Wir suchen unsere Plätze.	**Yerlerimizi arıyoruz.** [jerlerimizi arıjoruz]
Unser Platz ist besetzt.	**Yerimde başkası oturuyor.** [jerimde baʃkası oturujor]
Unsere Plätze sind besetzt.	**Yerlerimizde başkaları oturuyor.** [jerlerimizde baʃkaları oturujor]

Entschuldigen Sie, aber das ist mein Platz.	**Affedersiniz, bu benim koltuğum.** [affedersiniz, bu benim koltuum]
Ist der Platz frei?	**Bu koltuk boş mu?** [bu koltuk boʃ mu?]
Darf ich mich hier setzen?	**Buraya oturabilir miyim?** [buraja oturabilir mijim?]

Im Zug - Dialog (Keine Fahrkarte)

Fahrkarte bitte.	**Bilet, lütfen.** [bilet, lytfen]
Ich habe keine Fahrkarte.	**Biletim yok.** [biletim jok]
Ich habe meine Fahrkarte verloren.	**Biletimi kaybettim.** [biletimi kajbettim]
Ich habe meine Fahrkarte zuhause vergessen.	**Biletimi evde unuttum.** [biletimi evde unuttum]

Sie können von mir eine Fahrkarte kaufen.	**Biletinizi benden alabilirsiniz.** [biletinizi benden alabilirsiniz]
Sie werden auch eine Strafe zahlen.	**Ceza da ödemek zorundasınız.** [dʒeza da ødemek zorundasınız]
Gut.	**Tamam.** [tamam]
Wohin fahren Sie?	**Nereye gidiyorsunuz?** [nereje gidijorsunuz?]
Ich fahre nach ...	**... gidiyorum.** [... gidijorum]

Wie viel? Ich verstehe nicht.	**Ne kadar? Anlamıyorum.** [ne kadar? anlamıjorum]
Schreiben Sie es bitte auf.	**Yazar mısınız, lütfen?** [jazar mısınız, lytfen?]
Gut. Kann ich mit Karte zahlen?	**Tamam. Kredi kartıyla ödeyebilir miyim?** [tamam. kredi kartıjla ødejebilir mijim?]
Ja, das können Sie.	**Evet, olur.** [evet, olur]

Hier ist ihre Quittung.	**Buyrun, makbuzunuz.** [bujrun, makbuzunuz]
Tut mir leid wegen der Strafe.	**Ceza için üzgünüm.** [dʒeza itʃin yzgynym]
Das ist in Ordnung. Es ist meine Schuld.	**Önemli değil. Benim hatamdı.** [ønemli deil. benim hatamdı]
Genießen Sie Ihre Fahrt.	**İyi yolculuklar.** [iji joldʒuluklar]

Taxi

Taxi	**taksi** [taksi]
Taxifahrer	**taksi şoförü** [taksi ʃoføry]
Ein Taxi nehmen	**taksiye binmek** [taksije binmek]
Taxistand	**taksi durağı** [taksi duraı]
Wo kann ich ein Taxi bekommen?	**Nereden taksiye binebilirim?** [nereden taksije binebilirim?]
Ein Taxi rufen	**taksi çağırmak** [taksi tʃaırmak]
Ich brauche ein Taxi.	**Bana bir taksi lazım.** [bana bir taksi lazım]
Jetzt sofort.	**Hemen şimdi.** [hemen ʃimdi]
Wie ist Ihre Adresse? (Standort)	**Adresiniz nedir?** [adresiniz nedir?]
Meine Adresse ist …	**Adresim …** [adresim …]
Ihr Ziel?	**Nereye gideceksiniz?** [nereje gidedʒeksiniz?]

Entschuldigen Sie bitte, …	**Affedersiniz, …** [affedersiniz, …]
Sind Sie frei?	**Müsait misiniz?** [mysait misiniz?]
Was kostet die Fahrt nach …?	**… gitmek ne kadar tutar?** [… gitmek ne kadar tutar?]
Wissen Sie wo es ist?	**Nerede olduğunu biliyor musunuz?** [nerede olduunu bilijor musunuz?]

Flughafen, bitte.	**Havalimanı, lütfen.** [havalimanı, lytfen]
Halten Sie hier bitte an.	**Burada durun, lütfen.** [burada durun, lytfen]
Das ist nicht hier.	**Burası değil.** [burası deil]
Das ist die falsche Adresse.	**Bu adres yanlış.** [bu adres janlıʃ]
nach links	**Sola dönün.** [sola dønyn]
nach rechts	**Sağa dönün.** [saa dønyn]

Was schulde ich ihnen?

Ich würde gerne
ein Quittung haben, bitte.

Stimmt so.

Borcum ne kadar?
[bordʒum ne kadar?]

Fiş alabilir miyim, lütfen?
[fiʃ alabilir mijim, lytfen?]

Üstü kalsın.
[ysty kalsın]

Warten Sie auf mich bitte

fünf Minuten

zehn Minuten

fünfzehn Minuten

zwanzig Minuten

eine halbe Stunde

Beni bekleyebilir misiniz, lütfen?
[beni beklejebilir misiniz, lytfen?]

beş dakika
[beʃ dakika]

on dakika
[on dakika]

on beş dakika
[on beʃ dakika]

yirmi dakika
[jirmi dakika]

yarım saat
[jarım saat]

Hotel

Guten Tag.	**Merhaba.** [merhaba]
Mein Name ist …	**Adım …** [adım …]
Ich habe eine Reservierung.	**Rezervasyonum var.** [rezervasjonum var]

Ich brauche …	**Bana … lazım.** [bana … lazım]
ein Einzelzimmer	**tek kişilik bir oda** [tek kiʃilik bir oda]
ein Doppelzimmer	**çift kişilik bir oda** [ʧift kiʃilik bir oda]
Wie viel kostet das?	**Ne kadar tuttu?** [ne kadar tuttu?]
Das ist ein bisschen teuer.	**Bu biraz pahalı.** [bu biraz pahalı]

Haben Sie sonst noch etwas?	**Elinizde başka seçenek var mı?** [elinizde baʃka seʧenek var mı?]
Ich nehme es.	**Bunu alıyorum.** [bunu alıjorum]
Ich zahle bar.	**Peşin ödeyeceğim.** [peʃin ødejedʒeim]

Ich habe ein Problem.	**Bir sorunum var.** [bir sorunum var]
Mein … ist kaputt.	**… bozuk.** [… bozuk]
Mein … ist außer Betrieb.	**… çalışmıyor.** [… ʧalıʃmıjor]
Fernseher	**Televizyon** [televizjon]
Klimaanlage	**Klima** [klima]
Wasserhahn	**Musluk** [musluk]

Dusche	**Duş** [duʃ]
Waschbecken	**Lavabo** [lavabo]
Safe	**Kasa** [kasa]

Türschloss	**Kapı kilidi** [kapı kilidi]
Steckdose	**Priz** [priz]
Föhn	**Saç kurutma makinesi** [saʧ kurutma makinesi]

Ich habe kein ...	**... yok** [... jok]
Wasser	**Su** [su]
Licht	**Işık** [iʃık]
Strom	**Elektrik** [elektrik]

Können Sie mir ... geben?	**Bana ... verebilir misiniz?** [bana ... verebilir misiniz?]
ein Handtuch	**bir havlu** [bir havlu]
eine Decke	**bir battaniye** [bir battanije]
Hausschuhe	**bir terlik** [bir terlik]
einen Bademantel	**bir bornoz** [bir bornoz]
etwas Shampoo	**biraz şampuan** [biraz ʃampuan]
etwas Seife	**biraz sabun** [biraz sabun]

Ich möchte ein anderes Zimmer haben.	**Odamı değiştirmek istiyorum.** [odamı deiʃtirmek istijorum]
Ich kann meinen Schlüssel nicht finden.	**Anahtarımı bulamıyorum.** [anahtarımı bulamıjorum]
Machen Sie bitte meine Tür auf	**Odamı açabilir misiniz, lütfen?** [odamı atʃabilir misiniz, lytfen?]
Wer ist da?	**Kim o?** [kim o?]
Kommen Sie rein!	**Girin!** [girin!]
Einen Moment bitte!	**Bir dakika!** [bir dakika!]
Nicht jetzt bitte.	**Lütfen şimdi değil.** [lytfen ʃimdi deil]

Kommen Sie bitte in mein Zimmer.	**Odama gelin, lütfen.** [odama gelin, lytfen]
Ich würde gerne Essen bestellen.	**Odama yemek siparişi vermek istiyorum.** [odama jemek sipariʃi vermek istijorum]

Meine Zimmernummer ist …	**Oda numaram …** [oda numaram …]
Ich reise … ab.	**… gidiyorum.** [… gidijorum]
Wir reisen … ab.	**… gidiyoruz.** [… gidijoruz]
jetzt	**şimdi** [ʃimdi]
diesen Nachmittag	**öğleden sonra** [ø:leden sonra]
heute Abend	**bu akşam** [bu akʃam]
morgen	**yarın** [jarın]
morgen früh	**yarın sabah** [jarın sabah]
morgen Abend	**yarın akşam** [jarın akʃam]
übermorgen	**yarından sonraki gün** [jarından sonraki gyn]

Ich möchte die Zimmerrechnung begleichen.	**Ödeme yapmak istiyorum.** [ødeme japmak istijorum]
Alles war wunderbar.	**Herşey harikaydı.** [herʃej harikajdı]
Wo kann ich ein Taxi bekommen?	**Nereden taksiye binebilirim?** [nereden taksije binebilirim?]
Würden Sie bitte ein Taxi für mich holen?	**Bana bir taksi çağırır mısınız, lütfen?** [bana bir taksi tʃaaırır mısınız, lytfen?]

Restaurant

Könnte ich die Speisekarte sehen bitte?	**Menüye bakabilir miyim, lütfen?** [menyje bakabilir mijim, lytfen?]
Tisch für einen.	**Bir kişilik masa.** [bir kiʃilik masa]
Wir sind zu zweit (dritt, viert).	**İki (üç, dört) kişiyiz.** [iki (ytʃ, dørt) kiʃijiz]

Raucher	**Sigara içilen bölüm** [sigara itʃilen bølym]
Nichtraucher	**Sigara içilmeyen bölüm** [sigara itʃilmejen bølym]
Entschuldigen Sie mich! (Einen Kellner ansprechen)	**Affedersiniz!** [affedersiniz!]
Speisekarte	**menü** [meny]
Weinkarte	**şarap listesi** [ʃarap listesi]
Die Speisekarte bitte.	**Menü, lütfen.** [meny, lytfen]
Sind Sie bereit zum bestellen?	**Sipariş vermeye hazır mısınız?** [sipariʃ vermeje hazır mısınız?]
Was würden Sie gerne haben?	**Ne alırsınız?** [ne alırsınız?]
Ich möchte ...	**... alacağım.** [... aladʒaım]

Ich bin Vegetarier.	**Ben vejetaryenim.** [ben veʒetarjenim]
Fleisch	**et** [et]
Fisch	**balık** [balık]
Gemüse	**sebze** [sebze]
Haben Sie vegetarisches Essen?	**Vejetaryen yemekleriniz var mı?** [veʒetarjen jemekleriniz var mı?]
Ich esse kein Schweinefleisch.	**Domuz eti yemem.** [domuz eti jemem]
Er /Sie/ isst kein Fleisch.	**O et yemez.** [o et jemez]
Ich bin allergisch auf ...	**... alerjim var.** [... alerʒim var]
Könnten Sie mir bitte ... Bringen.	**Bana ... getirir misiniz, lütfen?** [bana ... getirir misiniz, lytfen?]

Salz | Pfeffer | Zucker

tuz | biber | şeker
[tuz | biber | ʃeker]

Kaffee | Tee | Nachtisch

kahve | çay | tatlı
[kahve | ʧaj | tatlı]

Wasser | Sprudel | stilles

su | maden | içme
[su | maden | iʧme]

einen Löffel | eine Gabel | ein Messer

kaşık | çatal | bıçak
[kaʃık | ʧatal | bıʧak]

einen Teller | eine Serviette

tabak | peçete
[tabak | peʧete]

Guten Appetit!

Afiyet olsun!
[afijet olsun!]

Noch einen bitte.

Bir tane daha, lütfen.
[bir tane daha, lytfen]

Es war sehr lecker.

Çok lezzetliydi.
[ʧok lezzetlijdi]

Scheck | Wechselgeld | Trinkgeld

hesap | para üstü | bahşiş
[hesap | para ysty | bahʃiʃ]

Zahlen bitte.

Hesap, lütfen.
[hesap, lytfen]

Kann ich mit Karte zahlen?

Kredi kartıyla ödeyebilir miyim?
[kredi kartıjla ødejebilir mijim?]

Entschuldigen Sie, hier ist ein Fehler.

Affedersiniz, burada bir yanlışlık var.
[affedersiniz, burada bir janlıʃlık var]

Einkaufen

Kann ich Ihnen behilflich sein?	**Yardımcı olabilir miyim?** [jardımdʒı olabilir mijim?]
Haben Sie ...?	**Sizde ... var mı?** [sizde ... var mı?]
Ich suche ...	**... arıyorum.** [... arıjorum]
Ich brauche ...	**Bana ... lazım.** [bana ... lazım]

Ich möchte nur schauen.	**Sadece bakıyorum.** [sadedʒe bakıjorum]
Wir möchten nur schauen.	**Sadece bakıyoruz.** [sadedʒe bakıjoruz]
Ich komme später noch einmal zurück.	**Daha sonra tekrar geleceğim.** [daha sonra tekrar geledʒeim]
Wir kommen später vorbei.	**Daha sonra tekrar geleceğiz.** [daha sonra tekrar geledʒeiz]
Rabatt | Ausverkauf	**iskonto | indirimli satış** [iskonto | indirimli satıʃ]

Zeigen Sie mir bitte ...	**Bana ... gösterebilir misiniz?** [bana ... gøsterebilir misiniz?]
Geben Sie mir bitte ...	**Bana ... verebilir misiniz?** [bana ... verebilir misiniz?]
Kann ich es anprobieren?	**Deneyebilir miyim?** [denejebilir mijim?]
Entschuldigen Sie bitte, wo ist die Anprobe?	**Affedersiniz, deneme kabini nerede?** [affedersiniz, deneme kabini nerede?]
Welche Farbe mögen Sie?	**Ne renk istersiniz?** [ne renk istersiniz?]
Größe | Länge	**beden | boy** [beden | boj]
Wie sitzt es?	**Nasıl, üzerinize oldu mu?** [nasıl, yzerinize oldu mu?]

Was kostet das?	**Bu ne kadar?** [bu ne kadar?]
Das ist zu teuer.	**Çok pahalı.** [tʃok pahalı]
Ich nehme es.	**Bunu alıyorum.** [bunu alıjorum]
Entschuldigen Sie bitte, wo ist die Kasse?	**Affedersiniz, ödemeyi nerede yapabilirim?** [affedersiniz, ødemeji nerede japabilirim?]

Zahlen Sie Bar oder mit Karte?

Nakit mi yoksa kredi kartıyla mı ödeyeceksiniz?
[nakit mi joksa kredi kartıjla mı ødejedʒeksiniz?]

in Bar | mit Karte

Nakit | kredi kartıyla
[nakit | kredi kartıjla]

Brauchen Sie die Quittung?

Fatura ister misiniz?
[fatura ister misiniz?]

Ja, bitte.

Evet, lütfen.
[evet, lytfen]

Nein, es ist ok.

Hayır, gerek yok.
[hajır, gerek jok]

Danke. Einen schönen Tag noch!

Teşekkür ederim. İyi günler!
[teʃekkyr ederim. iji gynler!]

In der Stadt

Entschuldigen Sie bitte, ...	**Affedersiniz.** [affedersiniz]
Ich suche ...	**... arıyorum.** [... arıjorum]
die U-Bahn	**Metroyu** [metroju]
mein Hotel	**Otelimi** [otelimi]
das Kino	**Sinemayı** [sinemajı]
den Taxistand	**Taksi durağını** [taksi duraını]

einen Geldautomat	**Bir bankamatik** [bir bankamatik]
eine Wechselstube	**Bir döviz bürosu** [bir døviz byrosu]
ein Internetcafé	**Bir internet kafe** [bir internet kafe]
die ... -Straße	**... caddesini** [... dʒaddesini]
diesen Ort	**Şurayı** [ʃurajı]

Wissen Sie, wo ... ist?	**... nerede olduğunu biliyor musunuz?** [... nerede olduunu bilijor musunuz?]
Wie heißt diese Straße?	**Bu caddenin adı ne?** [bu dʒaddenin adı ne?]
Zeigen Sie mir wo wir gerade sind.	**Şu an nerede olduğumuzu gösterir misiniz?** [ʃu an nerede olduumuzu gøsterir misiniz?]
Kann ich dort zu Fuß hingehen?	**Oraya yürüyerek gidebilir miyim?** [oraja juryjerek gidebilir mijim?]
Haben Sie einen Stadtplan?	**Sizde şehir haritası var mı?** [sizde ʃehir haritası var mı?]

Was kostet eine Eintrittskarte?	**Giriş bileti ne kadar?** [giriʃ bileti ne kadar?]
Darf man hier fotografieren?	**Burada fotoğraf çekebilir miyim?** [burada fotoraf tʃekebilir mijim?]
Haben Sie offen?	**Açık mısınız?** [atʃık mısınız?]

Wann öffnen Sie?

Ne zaman açıyorsunuz?
[ne zaman atʃıjorsunuz?]

Wann schließen Sie?

Ne zaman kapatıyorsunuz?
[ne zaman kapatıjorsunuz?]

Geld

Geld	**para** [para]
Bargeld	**nakit** [nakit]
Papiergeld	**kağıt para** [kaıt para]
Kleingeld	**bozukluk** [bozukluk]
Scheck | Wechselgeld | Trinkgeld	**hesap | para üstü | bahşiş** [hesap | para ysty | bahʃiʃ]

Kreditkarte	**kredi kartı** [kredi kartı]
Geldbeutel	**cüzdan** [dʒyzdan]
kaufen	**satın almak** [satın almak]
zahlen	**ödemek** [ødemek]
Strafe	**ceza** [dʒeza]
kostenlos	**bedava** [bedava]

Wo kann ich ... kaufen?	**Nereden ... alabilirim?** [nereden ... alabilirim?]
Ist die Bank jetzt offen?	**Banka açık mı?** [banka atʃık mı?]
Wann öffnet sie?	**Ne zaman açılıyor?** [ne zaman atʃılıjor?]
Wann schließt sie?	**Ne zaman kapanıyor?** [ne zaman kapanıjor?]

Wie viel?	**Ne kadar?** [ne kadar?]
Was kostet das?	**Bunun fiyatı nedir?** [bunun fijatı nedir?]

Das ist zu teuer.	**Çok pahalı.** [tʃok pahalı]
Entschuldigen Sie bitte, wo ist die Kasse?	**Affedersiniz, ödemeyi** **nerede yapabilirim?** [affedersiniz, ødemeji nerede japabilirim?]

Ich möchte zahlen.

Hesap, lütfen.
[hesap, lytfen]

Kann ich mit Karte zahlen?

Kredi kartıyla ödeyebilir miyim?
[kredi kartıjla ødejebilir mijim?]

Gibt es hier einen Geldautomat?

Buralarda bankamatik var mı?
[buralarda bankamatik var mı?]

Ich brauche einen Geldautomat.

Bankamatik arıyorum.
[bankamatik arıjorum]

Ich suche eine Wechselstube.

Döviz bürosu arıyorum.
[døviz byrosu arıjorum]

Ich möchte ... wechseln.

... bozdurmak istiyorum
[... bozdurmak istijorum]

Was ist der Wechselkurs?

Döviz kuru nedir?
[døviz kuru nedir?]

Brauchen Sie meinen Reisepass?

Pasaportuma gerek var mı?
[pasaportuma gerek var mı?]

Zeit

Wie spät ist es?	**Saat kaç?** [saat katʃ?]
Wann?	**Ne zaman?** [ne zaman?]
Um wie viel Uhr?	**Saat kaçta?** [saat katʃta?]
jetzt | später | nach ...	**şimdi | sonra | ...den sonra** [ʃimdi | sonra | ...den sonra]

ein Uhr	**saat bir** [saat bir]
Viertel zwei	**bir on beş** [bir on beʃ]
Ein Uhr dreißig	**bir otuz** [bir otuz]
Viertel vor zwei	**bir kırk beş** [bir kırk beʃ]

eins | zwei | drei	**bir | iki | üç** [bir | iki | ytʃ]
vier | fünf | sechs	**dört | beş | altı** [dørt | beʃ | altı]
sieben | acht | neun	**yedi | sekiz | dokuz** [jedi | sekiz | dokuz]
zehn | elf | zwölf	**on | on bir | on iki** [on | on bir | on iki]

in ...	**... içinde** [... itʃinde]
fünf Minuten	**beş dakika** [beʃ dakika]
zehn Minuten	**on dakika** [on dakika]
fünfzehn Minuten	**on beş dakika** [on beʃ dakika]
zwanzig Minuten	**yirmi dakika** [jirmi dakika]
einer halben Stunde	**yarım saat** [jarım saat]
einer Stunde	**bir saat** [bir saat]

am Vormittag	**sabah** [sabah]
früh am Morgen	**sabah erkenden** [sabah erkenden]
diesen Morgen	**bu sabah** [bu sabah]
morgen früh	**yarın sabah** [jarın sabah]

am Mittag	**öğlen yemeğinde** [ø:len jemeinde]
am Nachmittag	**öğleden sonra** [ø:leden sonra]
am Abend	**akşam** [akʃam]
heute Abend	**bu akşam** [bu akʃam]

in der Nacht	**geceleyin** [gedʒelejin]
gestern	**dün** [dyn]
heute	**bugün** [bugyn]
morgen	**yarın** [jarın]
übermorgen	**yarından sonraki gün** [jarından sonraki gyn]

Welcher Tag ist heute?	**Bugün günlerden ne?** [bugyn gynlerden ne?]
Es ist ...	**Bugün ...** [bugyn ...]
Montag	**Pazartesi** [pazartesi]
Dienstag	**Salı** [salı]
Mittwoch	**Çarşamba** [tʃarʃamba]

Donnerstag	**Perşembe** [perʃembe]
Freitag	**Cuma** [dʒuma]
Samstag	**Cumartesi** [dʒumartesi]
Sonntag	**Pazar** [pazar]

Begrüßungen und Vorstellungen

Hallo.

Merhaba.
[merhaba]

Freut mich, Sie kennen zu lernen.

Tanıştığımıza memnun oldum.
[tanıʃtı:ımıza memnun oldum]

Ganz meinerseits.

Ben de.
[ben de]

Darf ich vorstellen? Das ist ...

Sizi ... ile tanıştırmak istiyorum
[sizi ... ile tanıʃtırmak istijorum]

Sehr angenehm.

Memnun oldum.
[memnun oldum]

Wie geht es Ihnen?

Nasılsınız?
[nasılsınız?]

Ich heiße ...

Adım ...
[adım ...]

Er heißt ...

Adı ...
[adı ...]

Sie heißt ...

Adı ...
[adı ...]

Wie heißen Sie?

Adınız nedir?
[adınız nedir?]

Wie heißt er?

Onun adı ne?
[onun adı ne?]

Wie heißt sie?

Onun adı ne?
[onun adı ne?]

Wie ist Ihr Nachname?

Soyadınız nedir?
[sojadınız nedir?]

Sie können mich ... nennen.

Bana ... diyebilirsiniz.
[bana ... dijebilirsiniz]

Woher kommen Sie?

Nereden geliyorsunuz?
[nereden gelijorsunuz?]

Ich komme aus ...

... dan geliyorum.
[... dan gelijorum]

Was machen Sie beruflich?

Mesleğiniz nedir?
[mesleiniz nedir?]

Wer ist das?

Bu kim?
[bu kim?]

Wer ist er?

O kim?
[o kim?]

Wer ist sie?

O kim?
[o kim?]

Wer sind sie?

Onlar kim?
[onlar kim?]

Das ist ...	Bu ... [bu ...]
mein Freund	**arkadaşım** [arkadaʃım]
meine Freundin	**arkadaşım** [arkadaʃım]
mein Mann	**kocam** [kodʒam]
meine Frau	**karım** [karım]

mein Vater	**babam** [babam]
meine Mutter	**annem** [annem]
mein Bruder	**erkek kardeşim** [erkek kardeʃim]
meine Schwester	**kız kardeşim** [kız kardeʃim]
mein Sohn	**oğlum** [oolum]
meine Tochter	**kızım** [kızım]

Das ist unser Sohn.	**Bu bizim oğlumuz.** [bu bizim oolumuz]
Das ist unsere Tochter.	**Bu bizim kızımız.** [bu bizim kızımız]
Das sind meine Kinder.	**Bunlar benim çocuklarım.** [bunlar benim tʃodʒuklarım]
Das sind unsere Kinder.	**Bunlar bizim çocuklarımız.** [bunlar bizim tʃodʒuklarımız]

Verabschiedungen

Auf Wiedersehen!	**Hoşça kalın!** [hoʃtʃa kalın!]
Tschüss!	**Görüşürüz!** [gøryʃyryz!]
Bis morgen.	**Yarın görüşmek üzere.** [jarın gøryʃmek yzere]
Bis bald.	**Görüşmek üzere.** [gøryʃmek yzere]
Bis um sieben.	**Saat yedide görüşürüz.** [saat jedide gøryʃyryz]
Viel Spaß!	**İyi eğlenceler!** [iji eelendʒeler!]
Wir sprechen später.	**Sonra konuşuruz.** [sonra konuʃuruz]
Ich wünsche Ihnen ein schönes Wochenende.	**İyi hafta sonları.** [iji hafta sonları]
Gute Nacht.	**İyi geceler.** [iji gedʒeler]
Es ist Zeit, dass ich gehe.	**Gitme vaktim geldi.** [gitme vaktim geldi]
Ich muss gehen.	**Gitmem lazım.** [gitmem lazım]
Ich bin gleich wieder da.	**Hemen dönerim.** [hemen dønerim]
Es ist schon spät.	**Geç oldu.** [getʃ oldu]
Ich muss früh aufstehen.	**Erken kalkmam lazım.** [erken kalkmam lazım]
Ich reise morgen ab.	**Yarın gidiyorum.** [jarın gidijorum]
Wir reisen morgen ab.	**Yarın gidiyoruz.** [jarın gidijoruz]
Ich wünsche Ihnen eine gute Reise!	**İyi yolculuklar!** [iji joldʒuluklar!]
Hat mich gefreut, Sie kennen zu lernen.	**Tanıştığımıza memnun oldum.** [tanıʃtı:ımıza memnun oldum]
Hat mich gefreut mit Ihnen zu sprechen.	**Konuştuğumuza memnun oldum.** [konuʃtuumuza memnun oldum]
Danke für alles.	**Herşey için teşekkürler.** [herʃej itʃin teʃekkyrler]

Ich hatte eine sehr gute Zeit.	**Çok iyi vakit geçirdim.** [ʧok iji vakit getʃirdim]
Wir hatten eine sehr gute Zeit.	**Çok iyi vakit geçirdik.** [ʧok iji vakit getʃirdik]
Es war wirklich toll.	**Gerçekten harikaydı.** [gerʧekten harikajdı]
Ich werde Sie vermissen.	**Seni özleyeceğim.** [seni øzlejedʒeim]
Wir werden Sie vermissen.	**Sizi özleyeceğiz.** [sizi øzlejedʒeiz]

Viel Glück!	**İyi şanslar!** [iji ʃanslar!]
Grüßen Sie ...	**... selam söyle.** [... selam søjle]

Fremdsprache

Ich verstehe nicht.	**Anlamıyorum.** [anlamıjorum]
Schreiben Sie es bitte auf.	**Yazar mısınız, lütfen?** [jazar mısınız, lytfen?]
Sprechen Sie ...?	**... biliyor musunuz?** [... bilijor musunuz?]

Ich spreche ein bisschen ...	**Biraz ... biliyorum.** [biraz ... bilijorum]
Englisch	**İngilizce** [ingilizdʒe]
Türkisch	**Türkçe** [tyrktʃe]
Arabisch	**Arapça** [araptʃa]
Französisch	**Fransızca** [fransızdʒa]

Deutsch	**Almanca** [almandʒa]
Italienisch	**İtalyanca** [italjandʒa]
Spanisch	**İspanyolca** [ispanjoldʒa]
Portugiesisch	**Portekizce** [portekizdʒe]
Chinesisch	**Çince** [tʃindʒe]
Japanisch	**Japonca** [ʒapondʒa]

Können Sie das bitte wiederholen.	**Tekrar edebilir misiniz, lütfen?** [tekrar edebilir misiniz, lytfen?]
Ich verstehe.	**Anlıyorum.** [anlıjorum]
Ich verstehe nicht.	**Anlamıyorum.** [anlamıjorum]
Sprechen Sie etwas langsamer.	**Lütfen daha yavaş konuşun.** [lytfen daha javaʃ konuʃun]

Ist das richtig?	**Bu doğru mu?** [bu dooru mu?]
Was ist das? (Was bedeutet das?)	**Bu ne?** [bu ne?]

Entschuldigungen

Entschuldigen Sie bitte.	**Affedersiniz.**
	[affedersiniz]
Es tut mir leid.	**Üzgünüm.**
	[yzgynym]
Es tut mir sehr leid.	**Gerçekten çok üzgünüm.**
	[gertʃekten tʃok yzgynym]
Es tut mir leid, das ist meine Schuld.	**Özür dilerim, benim hatam.**
	[øzyr dilerim, benim hatam]
Das ist mein Fehler.	**Benim hatamdı.**
	[benim hatamdı]

Darf ich ...?	**... yapabilir miyim?**
	[... japabilir mijim?]
Haben Sie etwas dagegen, wenn ich ...?	**... bir mahsuru var mı?**
	[... bir mahsuru var mı?]
Es ist okay.	**Sorun değil.**
	[sorun deil]
Alles in Ordnung.	**Zararı yok.**
	[zararı jok]
Machen Sie sich keine Sorgen.	**Hiç önemli değil.**
	[hitʃ ønemli deil]

Einigung

Ja.	**Evet.** [evet]
Ja, natürlich.	**Evet, tabii ki.** [evet, tabii ki]
Ok! (Gut!)	**Tamam.** [tamam]
Sehr gut.	**Çok iyi.** [tʃok iji]
Natürlich!	**Tabii ki!** [tabii ki!]
Genau.	**Katılıyorum.** [katılıjorum]

Das stimmt.	**Doğru.** [dooru]
Das ist richtig.	**Aynen öyle.** [ajnen øjle]
Sie haben Recht.	**Haklısınız.** [haklısınız]
Ich habe nichts dagegen.	**Benim için sorun değil.** [benim itʃin sorun deil]
Völlig richtig.	**Kesinlikle doğru.** [kesinlikle dooru]

Das kann sein.	**Bu mümkün.** [bu mymkyn]
Das ist eine gute Idee.	**Bu iyi bir fikir.** [bu iji bir fikir]
Ich kann es nicht ablehnen.	**Hayır diyemem.** [hajır dijemem]
Ich würde mich freuen.	**Memnun olurum.** [memnun olurum]
Gerne.	**Zevkle.** [zevkle]

Ablehnung. Äußerung von Zweifel

Nein.	**Hayır.** [hajır]
Natürlich nicht.	**Kesinlikle hayır.** [kesinlikle hajır]
Ich stimme nicht zu.	**Katılmıyorum.** [katılmıjorum]
Das glaube ich nicht.	**Sanmıyorum.** [sanmıjorum]
Das ist falsch.	**Bu doğru değil.** [bu dooru deil]
Sie liegen falsch.	**Yanılıyorsunuz.** [janılıjorsunuz]
Ich glaube, Sie haben Unrecht.	**Bence yanılıyorsunuz.** [bendʒe janılıjorsunuz]
Ich bin nicht sicher.	**Emin değilim.** [emin deilim]
Das ist unmöglich.	**Bu mümkün değil.** [bu mymkyn deil]
Nichts dergleichen!	**Hiçbir surette!** [hiʧbir surette!]
Im Gegenteil!	**Tam tersi.** [tam tersi]
Ich bin dagegen.	**Ben buna karşıyım.** [ben buna karʃıjım]
Es ist mir egal.	**Umrumda değil.** [umrumda deil]
Keine Ahnung.	**Hiçbir fikrim yok.** [hiʧbir fikrim jok]
Ich bezweifle, dass es so ist.	**O konuda şüpheliyim.** [o konuda ʃyphelijim]
Es tut mir leid, ich kann nicht.	**Üzgünüm, yapamam.** [yzgynym, japamam]
Es tut mir leid, ich möchte nicht.	**Üzgünüm, istemiyorum.** [yzgynym, istemijorum]
Danke, das brauche ich nicht.	**Teşekkür ederim, fakat buna ihtiyacım yok.** [teʃekkyr ederim, fakat buna ihtijadʒım jok]
Es ist schon spät.	**Geç oluyor.** [geʧ olujor]

Ich muss früh aufstehen.

Erken kalmalıyım.
[erken kalmalıjım]

Mir geht es schlecht.

Kendimi iyi hissetmiyorum.
[kendimi iji hissetmijorum]

Dankbarkeit ausdrücken

Danke.	**Teşekkürler.** [teʃekkyrler]
Dankeschön.	**Çok teşekkür ederim.** [tʃok teʃekkyr ederim]
Ich bin Ihnen sehr verbunden.	**Gerçekten müteşekkirim.** [gertʃekten myteʃekkirim]
Ich bin Ihnen sehr dankbar.	**Size hakikaten minnettarım.** [size hakikaten minnettarım]
Wir sind Ihnen sehr dankbar.	**Size hakikaten minnettarız.** [size hakikaten minnettarız]

Danke, dass Sie Ihre Zeit geopfert haben.	**Zaman ayırdığınız için teşekkür ederim.** [zaman ajırdı:ınız itʃin teʃekkyr ederim]
Danke für alles.	**Herşey için teşekkürler.** [herʃej itʃin teʃekkyrler]
Danke für …	**… için teşekkürler.** [… itʃin teʃekkyrler]
Ihre Hilfe	**Yardımınız için teşekkürler.** [jardımınız itʃin teʃekkyrler]
die schöne Zeit	**Bu güzel vakit için teşekkürler.** [bu gyzel vakit itʃin teʃekkyrler]

das wunderbare Essen	**Bu harika yemek için teşekkürler.** [bu harika jemek itʃin teʃekkyrler]
den angenehmen Abend	**Bu güzel akşam için teşekkürler.** [bu gyzel akʃam itʃin teʃekkyrler]
den wunderschönen Tag	**Bu harika gün için teşekkürler.** [bu harika gyn itʃin teʃekkyrler]
die interessante Führung	**Bu harika yolculuk için teşekkürler.** [bu harika joldʒuluk itʃin teʃekkyrler]

Keine Ursache.	**Lafı bile olmaz.** [lafı bile olmaz]
Nichts zu danken.	**Bir şey değil.** [bir ʃej deil]
Immer gerne.	**Her zaman.** [her zaman]
Es freut mich, geholfen zu haben.	**O zevk bana ait.** [o zevk bana ait]

Vergessen Sie es.

Hiç önemli değil.
[hitʃ ønemli deil]

Machen Sie sich keine Sorgen.

Hiç dert etme.
[hitʃ dert etme]

Glückwünsche. Beste Wünsche

Glückwunsch!	**Tebrikler!** [tebrikler!]
Alles gute zum Geburtstag!	**Doğum günün kutlu olsun!** [doum gynyn kutlu olsun!]
Frohe Weihnachten!	**Mutlu Noeller!** [mutlu noeller!]
Frohes neues Jahr!	**Yeni yılın kutlu olsun!** [jeni jılın kutlu olsun!]

Frohe Ostern!	**Mutlu Paskalyalar!** [mutlu paskaljalar!]
Frohes Hanukkah!	**Mutlu Hanuka Bayramları!** [mutlu hanuka bajramları!]

Ich möchte einen Toast ausbringen.	**Kadeh kaldırmak istiyorum.** [kadeh kaldırmak istijorum]
Auf Ihr Wohl!	**Şerefe!** [ʃerefe!]
Trinken wir auf …!	**… için kadeh kaldıralım!** [… iʧin kadeh kaldıralım!]
Auf unseren Erfolg!	**Başarımıza!** [baʃarımıza!]
Auf Ihren Erfolg!	**Başarınıza!** [baʃarınıza!]

Viel Glück!	**İyi şanslar!** [iji ʃanslar!]
Einen schönen Tag noch!	**İyi günler!** [iji gynler!]
Haben Sie einen guten Urlaub!	**İyi tatiller!** [iji tatiller!]
Haben Sie eine sichere Reise!	**İyi yolculuklar!** [iji joldʒuluklar!]
Ich hoffe es geht Ihnen bald besser!	**Geçmiş olsun!** [geʧmiʃ olsun!]

Sozialisieren

Warum sind Sie traurig?

Lächeln Sie!

Sind Sie heute Abend frei?

Neden üzgünsünüz?
[neden yzgynsynyz?]
Gülümseyin! Neşelenin!
[gylymsejin! neʃelenin!]
Bu gece müsait misiniz?
[bu gedʒe mysait misiniz?]

Darf ich Ihnen was zum
Trinken anbieten?
Möchten Sie tanzen?

Gehen wir ins Kino.

Size bir içki ısmarlayabilir miyim?
[size bir iʧki ısmarlajabilir mijim?]
Dans eder misiniz?
[dans eder misiniz?]
Hadi sinemaya gidelim.
[hadi sinemaja gidelim]

Darf ich Sie ins ... einladen?

Restaurant

Kino

Theater

auf einen Spaziergang

Sizi ... davet edebilir miyim?
[sizi ... davet edebilir mijim?]
restorana
[restorana]
sinemaya
[sinemaja]
tiyatroya
[tijatroja]
yürüyüşe
[juryjyʃe]

Um wie viel Uhr?

heute Abend

um sechs Uhr

um sieben Uhr

um acht Uhr

um neun Uhr

Saat kaçta?
[saat katʃta?]
bu gece
[bu gedʒe]
altıda
[altıda]
yedide
[jedide]
sekizde
[sekizde]
dokuzda
[dokuzda]

Gefällt es Ihnen hier?

Sind Sie hier mit jemandem?

Ich bin mit meinem Freund /meiner
Freundin/.

Burayı sevdiniz mi?
[burajı sevdiniz mi?]
Biriyle birlikte mi geldiniz?
[birijle birlikte mi geldiniz?]
Arkadaşımlayım.
[arkadaʃımlajım]

Ich bin mit meinen Freunden.	**Arkadaşlarımlayım.** [arkadaʃlarımlajım]
Nein, ich bin alleine.	**Hayır, yalnızım.** [hajır, jalnızım]

Hast du einen Freund?	**Erkek arkadaşınız var mı?** [erkek arkadaʃınız var mı?]
Ich habe einen Freund.	**Erkek arkadaşım var.** [erkek arkadaʃım var]
Hast du eine Freundin?	**Kız arkadaşınız var mı?** [kız arkadaʃınız var mı?]
Ich habe eine Freundin.	**Kız arkadaşım var.** [kız arkadaʃım var]

Kann ich dich nochmals sehen?	**Seni tekrar görebilir miyim?** [seni tekrar gørebilir mijim?]
Kann ich dich anrufen?	**Seni arayabilir miyim?** [seni arajabilir mijim?]
Ruf mich an.	**Ara beni.** [ara beni]
Was ist deine Nummer?	**Telefon numaran nedir?** [telefon numaran nedir?]
Ich vermisse dich.	**Seni özledim.** [seni øzledim]

Sie haben einen schönen Namen.	**Adınız çok güzel.** [adınız tʃok gyzel]
Ich liebe dich.	**Seni seviyorum.** [seni sevijorum]
Willst du mich heiraten?	**Benimle evlenir misin?** [benimle evlenir misin?]
Sie machen Scherze!	**Şaka yapıyorsunuz!** [ʃaka japıjorsunuz!]
Ich habe nur gescherzt.	**Sadece şaka yapıyorum.** [sadedʒe ʃaka japıjorum]

Ist das Ihr Ernst?	**Ciddi misiniz?** [dʒiddi misiniz?]
Das ist mein Ernst.	**Ciddiyim.** [dʒiddijim]
Echt?!	**Gerçekten mi?!** [gertʃekten mi?!]
Das ist unglaublich!	**İnanılmaz!** [inanılmaz!]
Ich glaube Ihnen nicht.	**Size inanmıyorum.** [size inanmıjorum]
Ich kann nicht.	**Yapamam.** [japamam]
Ich weiß nicht.	**Bilmiyorum.** [bilmijorum]
Ich verstehe Sie nicht.	**Sizi anlamıyorum.** [sizi anlamıjorum]

Bitte gehen Sie weg.

Lütfen gider misiniz?
[lytfen gider misiniz?]

Lassen Sie mich in Ruhe!

Beni rahat bırakın!
[beni rahat bırakın!]

Ich kann ihn nicht ausstehen.

Ona katlanamıyorum!
[ona katlanamıjorum!]

Sie sind widerlich!

İğrençsiniz!
[i:irentʃsiniz!]

Ich rufe die Polizei an!

Polisi arayacağım!
[polisi arajadʒaım!]

Gemeinsame Eindrücke. Emotionen

Das gefällt mir.	**Bunu sevdim.** [bunu sevdim]
Sehr nett.	**Çok hoş.** [tʃok hoʃ]
Das ist toll!	**Bu harika!** [bu harika!]
Das ist nicht schlecht.	**Fena değil.** [fena deil]

Das gefällt mir nicht.	**Bundan hoşlanmadım.** [bundan hoʃlanmadım]
Das ist nicht gut.	**Bu iyi değil.** [bu iji deil]
Das ist schlecht.	**Bu kötü.** [bu køty]
Das ist sehr schlecht.	**Bu çok kötü.** [bu tʃok køty]
Das ist widerlich.	**Bu iğrenç.** [bu i:irentʃ]

Ich bin glücklich.	**Mutluyum.** [mutlujum]
Ich bin zufrieden.	**Halimden memnunum.** [halimden memnunum]
Ich bin verliebt.	**Aşığım.** [aʃı:ım]
Ich bin ruhig.	**Sakinim.** [sakinim]
Ich bin gelangweilt.	**Sıkıldım.** [sıkıldım]

Ich bin müde.	**Yorgunum.** [jorgunum]
Ich bin traurig.	**Üzgünüm.** [yzgynym]
Ich habe Angst.	**Korkuyorum.** [korkujorum]

Ich bin wütend.	**Kızgınım.** [kızgınım]
Ich mache mir Sorgen.	**Endişeliyim.** [endiʃelijim]
Ich bin nervös.	**Gerginim.** [gerginim]

Ich bin eifersüchtig.

Kıskanıyorum.
[kıskanıjorum]

Ich bin überrascht .

Şaşırdım.
[ʃaʃırdım]

Es ist mir peinlich.

Şaşkınım.
[ʃaʃkınım]

Probleme. Unfälle

Ich habe ein Problem.	**Bir sorunum var.** [bir sorunum var]
Wir haben Probleme.	**Bir sorunumuz var.** [bir sorunumuz var]
Ich bin verloren.	**Kayboldum.** [kajboldum]
Ich habe den letzten Bus (Zug) verpasst.	**Son otobüsü (treni) kaçırdım.** [son otobysy (treni) katʃırdım]
Ich habe kein Geld mehr.	**Hiç param kalmadı.** [hitʃ param kalmadı]

Ich habe mein … verloren.	**… kaybettim.** [… kajbettim]
Jemand hat mein … gestohlen.	**Biri … çaldı.** [biri … tʃaldı]
Reisepass	**pasaportumu** [pasaportumu]
Geldbeutel	**cüzdanımı** [dʒyzdanımı]
Papiere	**belgelerimi** [belgelerimi]
Fahrkarte	**biletimi** [biletimi]
Geld	**paramı** [paramı]
Tasche	**el çantamı** [el tʃantamı]
Kamera	**fotoğraf makinamı** [fotoraf makinamı]
Laptop	**dizüstü bilgisayarımı** [dizysty bilgisajarımı]
Tabletcomputer	**tablet bilgisayarımı** [tablet bilgisajarımı]
Handy	**cep telefonumu** [dʒep telefonumu]

Hilfe!	**Yardım edin!** [jardım edin!]
Was ist passiert?	**Ne oldu?** [ne oldu?]
Feuer	**yangın** [jangın]
Schießerei	**silahlı çatışma** [silahlı tʃatıʃma]

Mord	cinayet [dʒinajet]
Explosion	patlama [patlama]
Schlägerei	kavga [kavga]

Rufen Sie die Polizei!	Polis çağırın! [polis tʃaɪrɪn!]
Beeilen Sie sich!	Lütfen acele edin! [lytfen adʒele edin!]
Ich suche nach einer Polizeistation.	Karakolu arıyorum. [karakolu arıjorum]
Ich muss einen Anruf tätigen.	Telefon açmam gerek. [telefon atʃmam gerek]
Kann ich Ihr Telefon benutzen?	Telefonunuzu kullanabilir miyim? [telefonunuzu kullanabilir mijim?]

Ich wurde ...	Ben ... [ben ...]
ausgeraubt	gasp edildim. [gasp edildim]
überfallen	soyuldum. [sojuldum]
vergewaltigt	tecavüze uğradım. [tedʒavyze uuradım]
angegriffen	saldırıya uğradım. [saldırıja uuradım]

Ist bei Ihnen alles in Ordnung?	İyi misiniz? [iji misiniz?]
Haben Sie gesehen wer es war?	Kim olduğunu gördünüz mü? [kim olduunu gørdynyz my?]
Sind Sie in der Lage die Person wiederzuerkennen?	Yapanı görseniz, tanıyabilir misiniz? [japanı gørseniz, tanıjabilir misiniz?]
Sind sie sicher?	Emin misiniz? [emin misiniz?]

Beruhigen Sie sich bitte!	Lütfen sakinleşin. [lytfen sakinleʃin]
Ruhig!	Sakin ol! [sakin ol!]
Machen Sie sich keine Sorgen	Endişelenmeyin! [endiʃelenmejin!]
Alles wird gut.	Herşey yoluna girecek. [herʃej joluna giredʒek]
Alles ist in Ordnung.	Herşey yolunda. [herʃej jolunda]
Kommen Sie bitte her.	Buraya gelin, lütfen. [buraja gelin, lytfen]
Ich habe einige Fragen für Sie.	Size birkaç sorum olacak. [size birkatʃ sorum oladʒak]

Warten Sie einen Moment bitte.

Bir dakika bekler misiniz, lütfen?
[bir dakika bekler misiniz, lytfen?]

Haben Sie einen
Identifikationsnachweis?

Kimliğiniz var mı?
[kimli:iniz var mı?]

Danke. Sie können nun gehen.

Teşekkürler. Şimdi gidebilirsiniz.
[teʃekkyrler. ʃimdi gidebilirsiniz]

Hände hinter dem Kopf!

Ellerinizi başınızın arkasına koyun!
[ellerinizi baʃınızın arkasına kojun!]

Sie sind verhaftet!

Tutuklusunuz!
[tutuklusunuz!]

Gesundheitsprobleme

Helfen Sie mir bitte.	**Lütfen bana yardım eder misiniz?** [lytfen bana jardım eder misiniz?]
Mir ist schlecht.	**Kendimi iyi hissetmiyorum.** [kendimi iji hissetmijorum]
Meinem Ehemann ist schlecht.	**Kocam kendisini iyi hissetmiyor.** [kodʒam kendisini iji hissetmijor]
Mein Sohn ...	**Oğlum ...** [oolum ...]
Mein Vater ...	**Babam ...** [babam ...]

Meine Frau fühlt sich nicht gut.	**Karım kendisini iyi hissetmiyor.** [karım kendisini iji hissetmijor]
Meine Tochter ...	**Kızım ...** [kızım ...]
Meine Mutter ...	**Annem ...** [annem ...]

Ich habe ... schmerzen.	**... ağrıyor.** [... aarıjor]
Kopf-	**Başım** [baʃim]
Hals-	**Boğazım** [boazım]
Bauch-	**Midem** [midem]
Zahn-	**Dişim** [diʃim]

Mir ist schwindelig.	**Başım dönüyor.** [baʃim dønyjor]
Er hat Fieber.	**Ateşi var.** [ateʃi var]
Sie hat Fieber.	**Ateşi var.** [ateʃi var]
Ich kann nicht atmen.	**Nefes alamıyorum.** [nefes alamıjorum]

Ich kriege keine Luft.	**Nefesim daralıyor.** [nefesim daralıjor]
Ich bin Asthmatiker.	**Astımım var.** [astımım var]
Ich bin Diabetiker /Diabetikerin/	**Şeker hastalığım var.** [ʃeker hastalı:ım var]

Ich habe Schlaflosigkeit.	**Uyuyamıyorum.** [ujujamıjorum]
Lebensmittelvergiftung	**Gıda zehirlenmesi** [gıda zehirlenmesi]

Es tut hier weh.	**Burası acıyor.** [burası adʒıjor]
Hilfe!	**Yardım edin!** [jardım edin!]
Ich bin hier!	**Buradayım!** [buradajım!]
Wir sind hier!	**Buradayız!** [buradajız!]
Bringen Sie mich hier raus!	**Beni buradan çıkarın!** [beni buradan tʃıkarın!]
Ich brauche einen Arzt.	**Doktora ihtiyacım var.** [doktora ihtijadʒım var]
Ich kann mich nicht bewegen.	**Hareket edemiyorum.** [hareket edemijorum]
Ich kann meine Beine nicht bewegen.	**Bacaklarımı kıpırdatamıyorum.** [badʒaklarımı kıpırdatamıjorum]

Ich habe eine Wunde.	**Yaralandım.** [jaralandım]
Ist es ernst?	**Ciddi mi?** [dʒiddi mi?]
Meine Dokumente sind in meiner Hosentasche.	**Belgelerim cebimde.** [belgelerim dʒebimde]
Beruhigen Sie sich!	**Sakin olun!** [sakin olun!]
Kann ich Ihr Telefon benutzen?	**Telefonunuzu kullanabilir miyim?** [telefonunuzu kullanabilir mijim?]

Rufen Sie einen Krankenwagen!	**Ambulans çağırın!** [ambulans tʃaırın!]
Es ist dringend!	**Acil!** [adʒil!]
Es ist ein Notfall!	**Bu bir acil durum!** [bu bir adʒil durum!]
Schneller bitte!	**Lütfen acele edin!** [lytfen adʒele edin!]
Können Sie bitte einen Arzt rufen?	**Lütfen doktor çağırır mısınız?** [lytfen doktor tʃaarır mısınız?]
Wo ist das Krankenhaus?	**Hastane nerede?** [hastane nerede?]

Wie fühlen Sie sich?	**Kendinizi nasıl hissediyorsunuz?** [kendinizi nasıl hissedijorsunuz?]
Ist bei Ihnen alles in Ordnung?	**İyi misiniz?** [iji misiniz?]
Was ist passiert?	**Ne oldu?** [ne oldu?]

Mir geht es schon besser.

Şimdi daha iyiyim.
[ʃimdi daha ijijim]

Es ist in Ordnung.

Sorun değil.
[sorun deil]

Alles ist in Ordnung.

Bir şeyim yok.
[bir ʃejim jok]

In der Apotheke

Apotheke	**eczane** [edʒzane]
24 Stunden Apotheke	**nöbetçi eczane** [nøbetʧi edʒzane]
Wo ist die nächste Apotheke?	**En yakın eczane nerede?** [en jakın edʒzane nerede?]

Ist sie jetzt offen?	**Şu an açık mı?** [ʃu an aʧık mı?]
Um wie viel Uhr öffnet sie?	**Saat kaçta açılıyor?** [saat kaʧta aʧılıjor?]
Um wie viel Uhr schließt sie?	**Saat kaçta kapanıyor?** [saat kaʧta kapanıjor?]

Ist es weit?	**Uzakta mı?** [uzakta mı?]
Kann ich dort zu Fuß hingehen?	**Oraya yürüyerek gidebilir miyim?** [oraja juryjerek gidebilir mijim?]
Können Sie es mir auf der Karte zeigen?	**Yerini haritada gösterebilir misiniz?** [jerini haritada gøsterebilir misiniz?]

Bitte geben sie mir etwas gegen ...	**Lütfen ... için bir şey verir misiniz?** [lytfen ... iʧin bir ʃej verir misiniz?]
Kopfschmerzen	**baş ağrısı** [baʃ aarısı]
Husten	**öksürük** [øksyryk]
eine Erkältung	**soğuk algınlığı** [souk algınlı:ı]
die Grippe	**grip** [grip]

Fieber	**ateş** [ateʃ]
Magenschmerzen	**mide ağrısı** [mide aarısı]
Übelkeit	**bulantı** [bulantı]
Durchfall	**ishal** [ishal]
Verstopfung	**kabızlık** [kabızlık]
Rückenschmerzen	**sırt ağrısı** [sırt aarısı]

Brustschmerzen	göğüs ağrısı
	[gøjus aarısı]
Seitenstechen	dalak şişmesi
	[dalak ʃiʃmesi]
Bauchschmerzen	karın ağrısı
	[karın aarısı]

Pille	hap
	[hap]
Salbe, Creme	merhem, krem
	[merhem, krem]
Sirup	şurup
	[ʃurup]
Spray	sprey
	[sprej]
Tropfen	damla
	[damla]

Sie müssen ins Krankenhaus gehen.	Hastaneye gitmeniz gerek.
	[hastaneje gitmeniz gerek]
Krankenversicherung	sağlık sigortası
	[saalık sigortası]
Rezept	reçete
	[retʃete]
Insektenschutzmittel	böcek ilacı
	[bødʒek iladʒı]
Pflaster	yara bandı
	[jara bandı]

Das absolute Minimum

Entschuldigen Sie bitte, ...	**Affedersiniz, ...** [affedersiniz, ...]
Hallo.	**Merhaba.** [merhaba]
Danke.	**Teşekkürler.** [teʃekkyrler]
Auf Wiedersehen.	**Hoşça kalın.** [hoʃʧa kalın]
Ja.	**Evet.** [evet]
Nein.	**Hayır.** [hajır]
Ich weiß nicht.	**Bilmiyorum.** [bilmijorum]
Wo? | Wohin? | Wann?	**Nerede? | Nereye? | Ne zaman?** [nerede? | nereje? | ne zaman?]

Ich brauche ...	**Bana ... lazım.** [bana ... lazım]
Ich möchte ...	**... istiyorum.** [... istijorum]
Haben Sie ...?	**Sizde ... var mı?** [sizde ... var mı?]
Gibt es hier ...?	**Burada ... var mı?** [burada ... var mı?]
Kann ich ...?	**... yapabilir miyim?** [... japabilir mijim?]
Bitte (anfragen)	**..., lütfen** [..., lytfen]

Ich suche ...	**Ben ... arıyorum.** [ben ... arıjorum]
die Toilette	**tuvaleti** [tuvaleti]
den Geldautomat	**bankamatik** [bankamatik]
die Apotheke	**eczane** [edʒzane]
das Krankenhaus	**hastane** [hastane]
die Polizeistation	**karakolu** [karakolu]
die U-Bahn	**metroyu** [metroju]

das Taxi	**taksi** [taksi]
den Bahnhof	**tren istasyonunu** [tren istasjonunu]

Ich heiße ...	**Benim adım ...** [benim adım ...]
Wie heißen Sie?	**Adınız nedir?** [adınız nedir?]
Helfen Sie mir bitte.	**Bana yardım edebilir misiniz, lütfen?** [bana jardım edebilir misiniz, lytfen?]
Ich habe ein Problem.	**Bir sorunum var.** [bir sorunum var]
Mir ist schlecht.	**Kendimi iyi hissetmiyorum.** [kendimi iji hissetmijorum]
Rufen Sie einen Krankenwagen!	**Ambulans çağırın!** [ambulans ʧaırın!]
Darf ich telefonieren?	**Telefonunuzdan bir arama yapabilir miyim?** [telefonunuzdan bir arama japabilir mijim?]

Entschuldigung.	**Üzgünüm.** [yzgynym]
Keine Ursache.	**Rica ederim.** [ridʒa ederim]

ich	**Ben, bana** [ben, bana]
du	**sen** [sen]
er	**o** [o]
sie	**o** [o]
sie (Pl, Mask.)	**onlar** [onlar]
sie (Pl, Fem.)	**onlar** [onlar]
wir	**biz** [biz]
ihr	**siz** [siz]
Sie	**siz** [siz]

EINGANG	**GİRİŞ** [giriʃ]
AUSGANG	**ÇIKIŞ** [ʧikiʃ]
AUßER BETRIEB	**HİZMET DIŞI** [hizmet dıʃi]

GESCHLOSSEN	**KAPALI** [kapali]
OFFEN	**AÇIK** [atʃik]
FÜR DAMEN	**KADINLAR İÇİN** [kadinlar itʃin]
FÜR HERREN	**ERKEKLER İÇİN** [erkekler itʃin]

AKTUELLES VOKABULAR

Dieser Teil beinhaltet mehr als 3.000 der wichtigsten Wörter. Das Wörterbuch wird Ihnen wertvolle Unterstützung während Ihrer Reise bieten, weil einzelne, häufig benutzte Wörter genug sind, damit Sie verstanden werden. Das Wörterbuch beinhaltet eine praktische Transkription jedes Fremdworts

T&P Books Publishing

INHALT WÖRTERBUCH

T&P Books Publishing

T&P BOOKS

GRUNDBEGRIFFE

T&P Books Publishing

1. Pronomen

ich	**ben**	[ben]
du	**sen**	[sen]
er, sie, es	**o**	[o]
wir	**biz**	[biz]
ihr	**siz**	[siz]
sie	**onlar**	[onlar]

2. Grüße. Begrüßungen

Hallo! (ugs.)	**Selam!**	[selam]
Hallo! (Amtsspr.)	**Merhaba!**	[merhaba]
Guten Morgen!	**Günaydın!**	[gynajdın]
Guten Tag!	**İyi günler!**	[iji gynler]
Guten Abend!	**İyi akşamlar!**	[iji akʃamlar]
grüßen (vi, vt)	**selam vermek**	[selam vermek]
Hallo! (ugs.)	**Selam!, Merhaba!**	[selam], [merhaba]
Gruß (m)	**selam**	[selam]
begrüßen (vt)	**selamlamak**	[selamlamak]
Wie geht's?	**Nasılsın?**	[nasılsın]
Was gibt es Neues?	**Ne var ne yok?**	[ne var ne jok]
Auf Wiedersehen!	**Hoşca kalın!**	[hoʃdʒa kalın]
Bis bald!	**Görüşürüz!**	[gøryʃyryz]
Lebe wohl!	**Güle güle!**	[gyle gyle]
Leben Sie wohl!	**Elveda!**	[elveda]
sich verabschieden	**vedalaşmak**	[vedalaʃmak]
Tschüs!	**Hoşça kal!**	[hoʃtʃa kal]
Danke!	**Teşekkür ederim!**	[teʃekkyr ederim]
Dankeschön!	**Çok teşekkür ederim!**	[tʃok teʃekkyr ederim]
Bitte (Antwort)	**Rica ederim**	[ridʒa ederim]
Keine Ursache.	**Bir şey değil**	[bir ʃej deil]
Nichts zu danken.	**Estağfurullah**	[estaafurulla]
Entschuldige!	**Affedersin!**	[afedersin]
Entschuldigung!	**Affedersiniz!**	[afedersiniz]
entschuldigen (vt)	**affetmek**	[afetmek]
sich entschuldigen	**özür dilemek**	[øzyr dilemek]
Verzeihung!	**Özür dilerim**	[øzyr dilerim]

Es tut mir leid!	Affedersiniz!	[afedersiniz]
verzeihen (vt)	affetmek	[afetmek]
bitte (Die Rechnung, ~!)	lütfen	[lytfen]

Nicht vergessen!	Unutmayın!	[unutmajın]
Natürlich!	Kesinlikle!	[kesinlikte]
Natürlich nicht!	Tabi ki hayır!	[tabi ki hajır]
Gut! Okay!	Tamam!	[tamam]
Es ist genug!	Yeter artık!	[jeter artık]

3. Fragen

Wer?	Kim?	[kim]
Was?	Ne?	[ne]
Wo?	Nerede?	[nerede]
Wohin?	Nereye?	[nereje]
Woher?	Nereden?	[nereden]
Wann?	Ne zaman?	[ne zaman]
Wozu?	Neden?	[neden]
Warum?	Neden?	[neden]

Wofür?	Ne için?	[ne itʃin]
Wie?	Nasıl?	[nasıl]
Welcher?	Hangi?	[hangi]

Wem?	Kime?	[kime]
Über wen?	Kim hakkında?	[kim hakında]
Wovon? (~ sprichst du?)	Ne hakkında?	[ne hakkında]
Mit wem?	Kimle?	[kimle]

Wie viele?	Ne kadar?	[ne kadar]
Wie viel?	Kaç?	[katʃ]
Wessen?	Kimin?	[kimin]

4. Präpositionen

mit (Frau ~ Katzen)	... -ile, ... -le, ... -la	[ile], [le], [la]
ohne (~ Dich)	... -sız, ... -suz	[sız], [suz]
nach (~ London)	... -e, ... -a	[e], [a]
über (~ Geschäfte sprechen)	hakkında	[hakkında]
vor (z.B. ~ acht Uhr)	önce	[øndʒe]
vor (z.B. ~ dem Haus)	önünde	[ønynde]

unter (~ dem Schirm)	altında	[altında]
über (~ dem Meeresspiegel)	üstünde	[ystynde]
auf (~ dem Tisch)	üstüne	[ystyne]

| aus (z.B. ~ München) | ... -den, ... -dan | [den], [dan] |
| aus (z.B. ~ Porzellan) | ... -den, ... -dan | [den], [dan] |

| in (~ zwei Tagen) | sonra | [sonra] |
| über (~ zaun) | üstünden | [ystynden] |

5. Funktionswörter. Adverbien. Teil 1

Wo?	Nerede?	[nerede]
hier	burada	[burada]
dort	orada	[orada]

| irgendwo | bir yerde | [bir jerde] |
| nirgends | hiç bir yerde | [hitʃ birj jerde] |

| an (bei) | ... yanında | [janında] |
| am Fenster | pencerenin yanında | [pendʒerenin janında] |

Wohin?	Nereye?	[nereje]
hierher	buraya	[buraja]
dahin	oraya	[oraja]
von hier	buradan	[buradan]
von da	oradan	[oradan]

| nah (Adv) | yakında | [jakında] |
| weit, fern (Adv) | uzağa | [uzaa] |

in der Nähe von ...	yakında	[jakında]
in der Nähe	yakınında	[jakınında]
unweit (~ unseres Hotels)	civarında	[dʒivarında]

link (Adj)	sol	[sol]
links (Adv)	solda	[solda]
nach links	sola	[sola]

recht (Adj)	sağ	[saa]
rechts (Adv)	sağda	[saada]
nach rechts	sağa	[saa]

vorne (Adv)	önde	[ønde]
Vorder-	ön	[øn]
vorwärts	ileri	[ileri]

hinten (Adv)	arkada	[arkada]
von hinten	arkadan	[arkadan]
rückwärts (Adv)	geriye	[gerije]

Mitte (f)	orta	[orta]
in der Mitte	ortasında	[ortasında]
seitlich (Adv)	kenarda	[kenarda]

überall (Adv)	her yerde	[her jerde]
ringsherum (Adv)	çevrede	[tʃevrede]

von innen (Adv)	içeriden	[itʃeriden]
irgendwohin (Adv)	bir yere	[bir jere]
geradeaus (Adv)	dosdoğru	[dosdooru]
zurück (Adv)	geri	[geri]

irgendwoher (Adv)	bir yerden	[bir jerden]
von irgendwo (Adv)	bir yerden	[bir jerden]

erstens	ilk olarak	[ilk olarak]
zweitens	ikinci olarak	[ikindʒi olarak]
drittens	üçüncü olarak	[ytʃundʒy olarak]

plötzlich (Adv)	birdenbire	[birdenbire]
zuerst (Adv)	başlangıçta	[baʃlangıtʃta]
zum ersten Mal	ilk kez	[ilk kez]
lange vor...	çok daha önce ...	[tʃok daa øndʒe]
von Anfang an	yeniden	[jeniden]
für immer	sonsuza kadar	[sonsuza kadar]

nie (Adv)	hiçbir zaman	[hitʃbir zaman]
wieder (Adv)	tekrar	[tekrar]
jetzt (Adv)	şimdi	[ʃimdi]
oft (Adv)	sık	[sık]
damals (Adv)	o zaman	[o zaman]
dringend (Adv)	acele	[adʒele]
gewöhnlich (Adv)	genellikle	[genellikle]

übrigens, ...	aklıma gelmişken, ...	[aklıma gelmiʃken]
möglicherweise (Adv)	mümkündür	[mymkyndyr]
wahrscheinlich (Adv)	muhtemelen	[muhtemelen]
vielleicht (Adv)	olabilir	[olabilir]
außerdem ...	ayrıca ...	[ajrıdʒa]
deshalb ...	onun için	[onun itʃin]
trotz ...	rağmen ...	[raamen]
dank ...	... sayesinde	[sajesinde]

was (~ ist denn?)	ne	[ne]
das (~ ist alles)	... -ki, ... -dığı, ... -diği	[ki], [dı:ı], [di:i]
etwas	bir şey	[bir ʃej]
irgendwas	bir şey	[bir ʃej]
nichts	hiçbir şey	[hitʃbir ʃej]

wer (~ ist ~?)	kim	[kim]
jemand	birisi	[birisı]
irgendwer	birisi	[birisı]

niemand	hiç kimse	[hitʃ kimse]
nirgends	hiçbir yere	[hitʃbir jere]
niemandes (~ Eigentum)	kimsesiz	[kimsesiz]

jemandes	birinin	[birinin]
so (derart)	öylesine	[øjlesine]
auch	dahi, ayrıca	[dahi], [ajrıdʒa]
ebenfalls	da	[da]

6. Funktionswörter. Adverbien. Teil 2

Warum?	Neden?	[neden]
aus irgendeinem Grund	nedense	[nedense]
weil ...	çünkü	[tʃynky]
zu irgendeinem Zweck	her nedense	[her nedense]

und	ve	[ve]
oder	veya	[veja]
aber	fakat	[fakat]
für (präp)	için	[itʃin]

zu (~ viele)	fazla	[fazla]
nur (~ einmal)	ancak	[andʒak]
genau (Adv)	tam	[tam]
etwa	yaklaşık	[jaklaʃık]

ungefähr (Adv)	yaklaşık olarak	[jaklaʃık olarak]
ungefähr (Adj)	yaklaşık	[jaklaʃık]
fast	hemen	[hemen]
Übrige (n)	geri kalan	[geri kalan]

jeder (~ Mann)	her biri	[her biri]
beliebig (Adj)	herhangi biri	[herhangi biri]
viel	çok	[tʃok]
viele Menschen	birçokları	[birtʃokları]
alle (wir ~)	hepsi, herkes	[hepsi], [herkez]

im Austausch gegen ...	... karşılık olarak	[karʃılık olarak]
dafür (Adv)	yerine	[jerine]
mit der Hand (Hand-)	elle, el ile	[elle], [el ile]
schwerlich (Adv)	şüpheli	[ʃypheli]

wahrscheinlich (Adv)	galiba	[galiba]
absichtlich (Adv)	mahsus	[mahsus]
zufällig (Adv)	tesadüfen	[tesadyfen]

sehr (Adv)	pek	[pek]
zum Beispiel	mesela	[mesela]
zwischen	arasında	[arasında]
unter (Wir sind ~ Mördern)	ortasında	[ortasında]
so viele (~ Ideen)	kadar	[kadar]
besonders (Adv)	özellikle	[øzelikle]

T&P BOOKS

ZAHLEN. VERSCHIEDENES

T&P Books Publishing

null	sıfır	[sɪfɪr]
eins	bir	[bir]
zwei	iki	[iki]
drei	üç	[ytʃ]
vier	dört	[dørt]

fünf	beş	[beʃ]
sechs	altı	[altɪ]
sieben	yedi	[jedi]
acht	sekiz	[sekiz]
neun	dokuz	[dokuz]

zehn	on	[on]
elf	on bir	[on bir]
zwölf	on iki	[on iki]
dreizehn	on üç	[on ytʃ]
vierzehn	on dört	[on dørt]

fünfzehn	on beş	[on beʃ]
sechzehn	on altı	[on altɪ]
siebzehn	on yedi	[on jedi]
achtzehn	on sekiz	[on sekiz]
neunzehn	on dokuz	[on dokuz]

zwanzig	yirmi	[jirmi]
einundzwanzig	yirmi bir	[jirmi bir]
zweiundzwanzig	yirmi iki	[jirmi iki]
dreiundzwanzig	yirmi üç	[jirmi ytʃ]

dreißig	otuz	[otuz]
einunddreißig	otuz bir	[otuz bir]
zweiunddreißig	otuz iki	[otuz iki]
dreiunddreißig	otuz üç	[otuz ytʃ]

vierzig	kırk	[kɪrk]
einundvierzig	kırk bir	[kɪrk bir]
zweiundvierzig	kırk iki	[kɪrk iki]
dreiundvierzig	kırk üç	[kɪrk ytʃ]

fünfzig	elli	[elli]
einundfünfzig	elli bir	[elli bir]
zweiundfünfzig	elli iki	[elli iki]
dreiundfünfzig	elli üç	[elli ytʃ]
sechzig	altmış	[altmɪʃ]

einundsechzig	altmış bir	[altmıʃ bir]
zweiundsechzig	altmış iki	[altmıʃ iki]
dreiundsechzig	altmış üç	[altmıʃ ytʃ]

siebzig	yetmiş	[jetmiʃ]
einundsiebzig	yetmiş bir	[jetmiʃ bir]
zweiundsiebzig	yetmiş iki	[jetmiʃ iki]
dreiundsiebzig	yetmiş üç	[jetmiʃ ytʃ]

achtzig	seksen	[seksen]
einundachtzig	seksen bir	[seksen bir]
zweiundachtzig	seksen iki	[seksen iki]
dreiundachtzig	seksen üç	[seksen ytʃ]

neunzig	doksan	[doksan]
einundneunzig	doksan bir	[doksan bir]
zweiundneunzig	doksan iki	[doksan iki]
dreiundneunzig	doksan üç	[doksan ytʃ]

8. Grundzahlen. Teil 2

einhundert	yüz	[juz]
zweihundert	iki yüz	[iki juz]
dreihundert	üç yüz	[ytʃ juz]
vierhundert	dört yüz	[dørt juz]
fünfhundert	beş yüz	[beʃ juz]

sechshundert	altı yüz	[altı juz]
siebenhundert	yedi yüz	[jedi juz]
achthundert	sekiz yüz	[sekiz juz]
neunhundert	dokuz yüz	[dokuz juz]

eintausend	bin	[bin]
zweitausend	iki bin	[iki bin]
dreitausend	üç bin	[ytʃ bin]
zehntausend	on bin	[on bin]
hunderttausend	yüz bin	[juz bin]
Million (f)	milyon	[miljon]
Milliarde (f)	milyar	[miljar]

9. Ordnungszahlen

der erste	birinci	[birindʒi]
der zweite	ikinci	[ikindʒi]
der dritte	üçüncü	[ytʃyndʒy]
der vierte	dördüncü	[dørdyndʒy]
der fünfte	beşinci	[beʃindʒi]
der sechste	altıncı	[altındʒı]

der siebte	**yedinci**	[jedindʒi]
der achte	**sekizinci**	[sekizindʒi]
der neunte	**dokuzuncu**	[dokuzundʒu]
der zehnte	**onuncu**	[onundʒu]

T&P
BOOKS

FARBEN. MASSEINHEITEN

T&P Books Publishing

10. Farben

Farbe (f)	renk	[renk]
Schattierung (f)	renk tonu	[renk tonu]
Farbton (m)	renk tonu	[renk tonu]
Regenbogen (m)	gökkuşağı	[gøkkuʃaɪ]
weiß	beyaz	[bejaz]
schwarz	siyah	[sijah]
grau	gri	[gri]
grün	yeşil	[jeʃil]
gelb	sarı	[sarı]
rot	kırmızı	[kırmızı]
blau	mavi	[mavi]
hellblau	açık mavi	[atʃık mavi]
rosa	pembe	[pembe]
orange	turuncu	[turundʒu]
violett	mor	[mor]
braun	kahve rengi	[kahve rengi]
golden	altın	[altın]
silbrig	gümüşü	[gymyʃy]
beige	bej rengi	[beʒ rengi]
cremefarben	krem rengi	[krem rengi]
türkis	turkuaz	[turkuaz]
kirschrot	vişne rengi	[viʃne rengi]
lila	leylak rengi	[lejlak rengi]
himbeerrot	koyu kırmızı	[koju kırmızı]
hell	açık	[atʃık]
dunkel	koyu	[koju]
grell	parlak	[parlak]
Farb- (z.B. -stifte)	renkli	[renkli]
Farb- (z.B. -film)	renkli	[renkli]
schwarz-weiß	siyah-beyaz	[sijah bejaz]
einfarbig	tek renkli	[tek renkli]
bunt	rengârenk	[rengjarenk]

11. Maßeinheiten

Gewicht (n)	ağırlık	[aɪrlık]
Länge (f)	uzunluk	[uzunluk]

Breite (f)	en, genişlik	[eiı], [ɡeɲiʝlık]
Höhe (f)	yükseklik	[jukseklik]
Tiefe (f)	derinlik	[derinlik]
Volumen (n)	hacim	[hadʒim]
Fläche (f)	alan	[alan]

Gramm (n)	gram	[gram]
Milligramm (n)	miligram	[miligram]
Kilo (n)	kilogram	[kilogram]
Tonne (f)	ton	[ton]
Pfund (n)	libre	[libre]
Unze (f)	ons	[ons]

Meter (m)	metre	[metre]
Millimeter (m)	milimetre	[milimetre]
Zentimeter (m)	santimetre	[santimetre]
Kilometer (m)	kilometre	[kilometre]
Meile (f)	mil	[mil]

Zoll (m)	inç	[intʃ]
Fuß (m)	kadem	[kadem]
Yard (n)	yarda	[jarda]

Quadratmeter (m)	metre kare	[metre kare]
Hektar (n)	hektar	[hektar]
Liter (m)	litre	[litre]
Grad (m)	derece	[deredʒe]
Volt (n)	volt	[volt]
Ampere (n)	amper	[amper]
Pferdestärke (f)	beygir gücü	[bejgir gydʒy]

Anzahl (f)	miktar	[miktar]
etwas ...	biraz ...	[biraz]
Hälfte (f)	yarım	[jarım]
Dutzend (n)	düzine	[dyzine]
Stück (n)	adet, tane	[adet], [tane]

| Größe (f) | boyut | [bojut] |
| Maßstab (m) | ölçek | [øltʃek] |

minimal (Adj)	minimum	[minimum]
der kleinste	en küçük	[en kytʃuk]
mittler, mittel-	orta	[orta]
maximal (Adj)	maksimum	[maksimum]
der größte	en büyük	[en byjuk]

12. Behälter

| Glas (Einmachglas) | kavanoz | [kavanoz] |
| Dose (z.B. Bierdose) | teneke | [teneke] |

Eimer (m)	kova	[kova]
Fass (n), Tonne (f)	fıçı, varil	[fɪtʃɪ], [varil]
Waschschüssel (n)	leğen	[leen]
Tank (m)	tank	[tank]
Flachmann (m)	matara	[mataráj
Kanister (m)	benzin bidonu	[benzin bidonu]
Zisterne (f)	sarnıç	[sarnıtʃ]
Kaffeebecher (m)	kupa	[kupa]
Tasse (f)	fincan	[findʒan]
Untertasse (f)	fincan tabağı	[findʒan tabaı]
Wasserglas (n)	bardak	[bardak]
Weinglas (n)	kadeh	[kade]
Kochtopf (m)	tencere	[tendʒere]
Flasche (f)	şişe	[ʃiʃe]
Flaschenhals (m)	boğaz	[boaz]
Karaffe (f)	sürahi	[syrahi]
Tonkrug (m)	testi	[testi]
Gefäß (n)	kap	[kap]
Tontopf (m)	çömlek	[tʃømlek]
Vase (f)	vazo	[vazo]
Flakon (n)	şişe	[ʃiʃe]
Fläschchen (n)	küçük şişe	[kytʃuk ʃiʃe]
Tube (z.B. Zahnpasta)	tüp	[typ]
Sack (~ Kartoffeln)	poşet, torba	[poʃet], [torba]
Tüte (z.B. Plastiktüte)	çuval	[tʃuval]
Schachtel (z.B. Zigaretten~)	paket	[paket]
Karton (z.B. Schuhkarton)	kutu	[kutu]
Kiste (z.B. Bananenkiste)	sandık	[sandık]
Korb (m)	sepet	[sepet]

DIE WICHTIGSTEN VERBEN

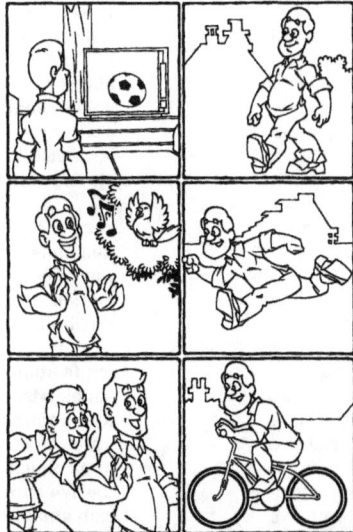

T&P Books Publishing

abbiegen (nach links ~)	dönmek	[dønmek]
abschicken (vt)	göndermek	[gøndermek]
ändern (vt)	değiştirmek	[deiʃtirmek]
andeuten (vt)	ipucu vermek	[ipudʒu vermek]
Angst haben	korkmak	[korkmak]
ankommen (vi)	gelmek	[gelmek]
antworten (vi)	cevap vermek	[dʒevap vermek]
arbeiten (vi)	çalışmak	[tʃalɯʃmak]
auf … zählen	… güvenmek	[gyvenmek]
aufbewahren (vt)	saklamak	[saklamak]
aufschreiben (vt)	not almak	[not almak]
ausgehen (vi)	çıkmak	[tʃɯkmak]
aussprechen (vt)	telâffuz etmek	[telafuz etmek]
bedauern (vt)	üzülmek	[yzylmek]
bedeuten (vt)	anlamına gelmek	[anlamına gelmek]
beenden (vt)	bitirmek	[bitirmek]
befehlen (Milit.)	emretmek	[emretmek]
befreien (Stadt usw.)	serbest bırakmak	[serbest bırakmak]
beginnen (vt)	başlamak	[baʃlamak]
bemerken (vt)	farketmek	[farketmek]
beobachten (vt)	gözlemlemek	[gøzlemlemek]
berühren (vt)	ellemek	[ellemek]
besitzen (vt)	sahip olmak	[sahip olmak]
besprechen (vt)	görüşmek	[gøryʃmek]
bestehen auf	ısrar etmek	[ısrar etmek]
bestellen (im Restaurant)	sipariş etmek	[spariʃ etmek]
bestrafen (vt)	cezalandırmak	[dʒezalandırmak]
beten (vi)	dua etmek	[dua etmek]
bitten (vt)	rica etmek	[ridʒa etmek]
brechen (vt)	kırmak	[kırmak]
denken (vi, vt)	düşünmek	[dyʃynmek]
drohen (vi)	tehdit etmek	[tehdit etmek]
Durst haben	içmek istemek	[itʃmek istemek]
einladen (vt)	davet etmek	[davet etmek]
einstellen (vt)	durdurmak	[durdurmak]
einwenden (vt)	itiraz etmek	[itiraz etmek]
empfehlen (vt)	tavsiye etmek	[tavsije etmek]
erklären (vt)	izah etmek	[izah etmek]

erlauben (vt)	izin vermek	[izin vermek]
ermorden (vt)	öldürmek	[øldyrmek]
erwähnen (vt)	anmak	[anmak]
existieren (vi)	var olmak	[var olmak]

14. Die wichtigsten Verben. Teil 2

fallen (vi)	düşmek	[dyʃmek]
fallen lassen	düşürmek	[dyʃyrmek]
fangen (vt)	tutmak	[tutmak]
finden (vt)	bulmak	[bulmak]
fliegen (vi)	uçmak	[utʃmak]

folgen (Folge mir!)	... takip etmek	[takip etmek]
fortsetzen (vt)	devam etmek	[devam etmek]
fragen (vt)	sormak	[sormak]
frühstücken (vi)	kahvaltı yapmak	[kahvaltı japmak]
geben (vt)	vermek	[vermek]

gefallen (vi)	hoşlanmak	[hoʃlanmak]
gehen (zu Fuß gehen)	yürümek, gitmek	[jurymek], [gitmek]
gehören (vi)	... ait olmak	[ait olmak]
graben (vt)	kazmak	[kazmak]

haben (vt)	sahip olmak	[sahip olmak]
helfen (vi)	yardım etmek	[jardım etmek]
herabsteigen (vi)	aşağı inmek	[aʃaı inmek]
hereinkommen (vi)	girmek	[girmek]

hoffen (vi)	ummak	[ummak]
hören (vt)	duymak	[dujmak]
hungrig sein	yemek istemek	[jemek istemek]
informieren (vt)	bilgi vermek	[bilgi vermek]
jagen (vi)	avlamak	[avlamak]

kennen (vt)	tanımak	[tanımak]
klagen (vi)	şikayet etmek	[ʃikajet etmek]
können (v mod)	yapabilmek	[japabilmek]
kontrollieren (vt)	kontrol etmek	[kontrol etmek]
kosten (vt)	değerinde olmak	[deerinde olmak]

kränken (vt)	hakaret etmek	[hakaret etmek]
lächeln (vi)	gülümsemek	[gylymsemek]
lachen (vi)	gülmek	[gylmek]
laufen (vi)	koşmak	[koʃmak]
leiten (Betrieb usw.)	yönetmek	[jønetmek]

lernen (vt)	öğrenmek	[ø:renmek]
lesen (vi, vt)	okumak	[okumak]
lieben (vt)	sevmek	[sevmek]

machen (vt)	yapmak, etmek	[japmak], [etmek]
mieten (Haus usw.)	kiralamak	[kiralamak]
nehmen (vt)	almak	[almak]
noch einmal sagen	tekrar etmek	[tekrar etmek]
nötig sein	gerekmek	[gerekmek]
öffnen (vt)	açmak	[atʃmak]

15. Die wichtigsten Verben. Teil 3

planen (vt)	planlamak	[planlamak]
prahlen (vi)	övünmek	[øvynmek]
raten (vt)	tavsiye etmek	[tavsije etmek]
rechnen (vt)	saymak	[sajmak]
reservieren (vt)	rezerve etmek	[rezerve etmek]
retten (vt)	kurtarmak	[kurtarmak]
richtig raten (vt)	doğru tahmin etmek	[dooru tahmin etmek]
rufen (um Hilfe ~)	çağırmak	[tʃaɪrmak]
sagen (vt)	söylemek	[søjlemek]
schaffen	oluşturmak	[oluʃturmak]
(Etwas Neues zu ~)		
schelten (vt)	sövmek	[søvmek]
schießen (vi)	ateş etmek	[ateʃ etmek]
schmücken (vt)	süslemek	[syslemek]
schreiben (vi, vt)	yazmak	[jazmak]
schreien (vi)	bağırmak	[baɪrmak]
schweigen (vi)	susmak	[susmak]
schwimmen (vi)	yüzmek	[juzmek]
schwimmen gehen	suya girmek	[suja girmek]
sehen (vi, vt)	görmek	[gørmek]
sein (vi)	olmak	[olmak]
sich beeilen	acele etmek	[adʒele etmek]
sich entschuldigen	özür dilemek	[øzyr dilemek]
sich interessieren	ilgilenmek	[ilgilenmek]
sich irren	hata yapmak	[hata japmak]
sich setzen	oturmak	[oturmak]
sich weigern	reddetmek	[reddetmek]
spielen (vi, vt)	oynamak	[ojnamak]
sprechen (vi)	konuşmak	[konuʃmak]
staunen (vi)	şaşırmak	[ʃaʃɪrmak]
stehlen (vt)	çalmak	[tʃalmak]
stoppen (vt)	durmak	[durmak]
suchen (vt)	aramak	[aramak]

16. Die wichtigsten Verben. Teil 4

täuschen (vt)	aldatmak	[aldatmak]
teilnehmen (vi)	katılmak	[katılmak]
übersetzen (Buch usw.)	çevirmek	[tʃevirmek]
unterschätzen (vt)	değerini bilmemek	[deerini bilmemek]
unterschreiben (vt)	imzalamak	[imzalamak]
vereinigen (vt)	birleştirmek	[birleʃtirmek]
vergessen (vt)	unutmak	[unutmak]
vergleichen (vt)	karşılaştırmak	[karʃilaʃtırmak]
verkaufen (vt)	satmak	[satmak]
verlangen (vt)	talep etmek	[talep etmek]
versäumen (vt)	gelmemek	[gelmemek]
versprechen (vt)	vaat etmek	[vaat etmek]
verstecken (vt)	saklamak	[saklamak]
verstehen (vt)	anlamak	[anlamak]
versuchen (vt)	denemek	[denemek]
verteidigen (vt)	savunmak	[savunmak]
vertrauen (vi)	güvenmek	[gyvenmek]
verwechseln (vt)	ayırt edememek	[ajırt edememek]
verzeihen (vi, vt)	affetmek	[afetmek]
verzeihen (vt)	affetmek	[afetmek]
voraussehen (vt)	önceden görmek	[øndʒeden gørmek]
vorschlagen (vt)	önermek	[ønermek]
vorziehen (vt)	tercih etmek	[terdʒih etmek]
wählen (vt)	seçmek	[setʃmek]
warnen (vt)	uyarmak	[ujarmak]
warten (vi)	beklemek	[beklemek]
weinen (vi)	ağlamak	[aalamak]
wissen (vt)	bilmek	[bilmek]
Witz machen	şaka yapmak	[ʃaka japmak]
wollen (vt)	istemek	[istemek]
zahlen (vt)	ödemek	[ødemek]
zeigen (jemandem etwas)	göstermek	[gøstermek]
zu Abend essen	akşam yemeği yemek	[akʃam jemei jemek]
zu Mittag essen	öğle yemeği yemek	[øːle jemei jemek]
zubereiten (vt)	pişirmek	[piʃirmek]
zustimmen (vi)	razı olmak	[razı olmak]
zweifeln (vi)	tereddüt etmek	[tereddyt etmek]

T&P
BOOKS

ZEIT. KALENDER

T&P Books Publishing

17. Wochentage

Montag (m)	**Pazartesi**	[pazartesi]
Dienstag (m)	**Salı**	[salı]
Mittwoch (m)	**Çarşamba**	[ʧarʃamba]
Donnerstag (m)	**Perşembe**	[perʃembe]
Freitag (m)	**Cuma**	[dʒuma]
Samstag (m)	**Cumartesi**	[dʒumartesi]
Sonntag (m)	**Pazar**	[pazar]
heute	**bugün**	[bugyn]
morgen	**yarın**	[jarın]
übermorgen	**öbür gün**	[øbyr gyn]
gestern	**dün**	[dyn]
vorgestern	**evvelki gün**	[evvelki gyn]
Tag (m)	**gün**	[gyn]
Arbeitstag (m)	**iş günü**	[iʃ gyny]
Feiertag (m)	**bayram günü**	[bajram gyny]
freier Tag (m)	**tatil günü**	[tatil gyny]
Wochenende (n)	**hafta sonu**	[hafta sonu]
den ganzen Tag	**bütün gün**	[bytyn gyn]
am nächsten Tag	**ertesi gün**	[ertesi gyn]
zwei Tage vorher	**iki gün önce**	[iki gyn øndʒe]
am Vortag	**bir gün önce**	[bir gyn øndʒe]
täglich (Adj)	**günlük**	[gynlyk]
täglich (Adv)	**her gün**	[her gyn]
Woche (f)	**hafta**	[hafta]
letzte Woche	**geçen hafta**	[geʧen hafta]
nächste Woche	**gelecek hafta**	[geldʒek hafta]
wöchentlich (Adj)	**haftalık**	[haftalık]
wöchentlich (Adv)	**her hafta**	[her hafta]
zweimal pro Woche	**haftada iki kez**	[haftada iki kez]
jeden Dienstag	**her Salı**	[her salı]

18. Stunden. Tag und Nacht

Morgen (m)	**sabah**	[sabah]
morgens	**sabahleyin**	[sabahlejin]
Mittag (m)	**öğle, gün ortası**	[ø:le], [gyn ortası]
nachmittags	**öğleden sonra**	[ø:leden sonra]
Abend (m)	**akşam**	[akʃam]

abends	akşamleyin	[akʃãmlejin]
Nacht (f)	gece	[gedʒe]
nachts	geceleyin	[gedʒelejin]
Mitternacht (f)	gece yarısı	[gedʒe jarısı]
Sekunde (f)	saniye	[sanije]
Minute (f)	dakika	[dakika]
Stunde (f)	saat	[saat]
eine halbe Stunde	yarım saat	[jarım saat]
Viertelstunde (f)	çeyrek saat	[tʃejrek saat]
fünfzehn Minuten	on beş dakika	[on beʃ dakika]
Tag und Nacht	yirmi dört saat	[jirmi dørt saat]
Sonnenaufgang (m)	güneşin doğuşu	[gyneʃin douʃu]
Morgendämmerung (f)	şafak	[ʃafak]
früher Morgen (m)	sabah erken	[sabah erken]
Sonnenuntergang (m)	güneş batışı	[gyneʃ batıʃı]
früh am Morgen	sabahın köründe	[sabahın kørynde]
heute Morgen	bu sabah	[bu sabah]
morgen früh	yarın sabah	[jarın sabah]
heute Mittag	bu ikindi	[bu ikindi]
nachmittags	öğleden sonra	[ø:leden sonra]
morgen Nachmittag	yarın öğleden sonra	[jarın ø:leden sonra]
heute Abend	bu akşam	[bu akʃam]
morgen Abend	yarın akşam	[jarın akʃam]
Punkt drei Uhr	tam saat üçte	[tam saat ytʃte]
gegen vier Uhr	saat dört civarında	[saat dørt dʒivarında]
um zwölf Uhr	saat on ikiye doğru	[saat on ikije dooru]
in zwanzig Minuten	yirmi dakika içinde	[jirmi dakika itʃinde]
in einer Stunde	bir saat sonra	[bir saat sonra]
rechtzeitig (Adv)	zamanında	[zamanında]
Viertel vor ...	çeyrek kala	[tʃejrek kala]
innerhalb einer Stunde	bir saat içinde	[bir saat itʃinde]
alle fünfzehn Minuten	her on beş dakika	[her on beʃ dakika]
Tag und Nacht	gece gündüz	[gedʒe gyndyz]

19. Monate. Jahreszeiten

Januar (m)	ocak	[odʒak]
Februar (m)	şubat	[ʃubat]
März (m)	mart	[mart]
April (m)	nisan	[nisan]
Mai (m)	mayıs	[majıs]
Juni (m)	haziran	[haziran]

Juli (m)	temmuz	[temmuz]
August (m)	ağustos	[austos]
September (m)	eylül	[ejlyl]
Oktober (m)	ekim	[ekim]
November (m)	kasım	[kasım]
Dezember (m)	aralık	[aralık]

Frühling (m)	ilkbahar	[ilkbahar]
im Frühling	ilkbaharda	[ilkbaharda]
Frühlings-	ilkbahar	[ilkbahar]

Sommer (m)	yaz	[jaz]
im Sommer	yazın	[jazın]
Sommer-	yaz	[jaz]

Herbst (m)	sonbahar	[sonbahar]
im Herbst	sonbaharda	[sonbaharda]
Herbst-	sonbahar	[sonbahar]

Winter (m)	kış	[kıʃ]
im Winter	kışın	[kıʃin]
Winter-	kış, kışlık	[kıʃ], [kıʃlık]

Monat (m)	ay	[aj]
in diesem Monat	bu ay	[bu aj]
nächsten Monat	gelecek ay	[geledʒek aj]
letzten Monat	geçen ay	[getʃen aj]

vor einem Monat	bir ay önce	[bir aj øndʒe]
über eine Monat	bir ay sonra	[bir aj sonra]
in zwei Monaten	iki ay sonra	[iki aj sonra]
den ganzen Monat	bütün ay	[bytyn aj]

monatlich (Adj)	aylık	[ajlık]
monatlich (Adv)	her ay	[her aj]
jeden Monat	her ay	[her aj]
zweimal pro Monat	ayda iki kez	[ajda iki kez]

Jahr (n)	yıl, sene	[jıl], [sene]
dieses Jahr	bu sene, bu yıl	[bu sene], [bu jıl]
nächstes Jahr	gelecek sene	[geledʒek sene]
voriges Jahr	geçen sene	[getʃen sene]

vor einem Jahr	bir yıl önce	[bir jıl øndʒe]
in einem Jahr	bir yıl sonra	[bir jıl sonra]
in zwei Jahren	iki yıl sonra	[iki jıl sonra]
das ganze Jahr	bütün yıl	[bytyn jıl]

jedes Jahr	her sene	[her sene]
jährlich (Adj)	yıllık	[jıllık]
jährlich (Adv)	her yıl	[her jıl]
viermal pro Jahr	yılda dört kere	[jılda dørt kere]

Datum (heutige ~)	tarih	[tarih]
Datum (Geburts-)	tarih	[tarih]
Kalender (m)	takvim	[takvim]

ein halbes Jahr	yarım yıl	[jarım jıl]
Halbjahr (n)	altı ay	[altı aj]
Saison (f)	mevsim	[mevsim]
Jahrhundert (n)	yüzyıl	[juzjıl]

REISEN. HOTEL

T&P Books Publishing

20. Ausflug. Reisen

Tourismus (m)	**turizm**	[turizm]
Tourist (m)	**turist**	[turist]
Reise (f)	**seyahat**	[sejahat]
Abenteuer (n)	**macera**	[madʒera]
Fahrt (f)	**gezi**	[gezi]

Urlaub (m)	**izin**	[izin]
auf Urlaub sein	**izinli olmak**	[izinli olmak]
Erholung (f)	**istirahat**	[istirahat]

Zug (m)	**tren**	[tren]
mit dem Zug	**trenle**	[trenle]
Flugzeug (n)	**uçak**	[utʃak]
mit dem Flugzeug	**uçakla**	[utʃakla]
mit dem Auto	**arabayla**	[arabajla]
mit dem Schiff	**gemide**	[gemide]

Gepäck (n)	**bagaj**	[bagaʒ]
Koffer (m)	**bavul**	[bavul]
Gepäckwagen (m)	**bagaj arabası**	[bagaʒ arabası]
Pass (m)	**pasaport**	[pasaport]
Visum (n)	**vize**	[vize]
Fahrkarte (f)	**bilet**	[bilet]
Flugticket (n)	**uçak bileti**	[utʃak bileti]

Reiseführer (m)	**rehber**	[rehber]
Landkarte (f)	**harita**	[harita]
Gegend (f)	**alan**	[alan]
Ort (wunderbarer ~)	**yer**	[jer]

Exotika (pl)	**egzotik**	[ekzotik]
exotisch	**egzotik**	[ekzotik]
erstaunlich (Adj)	**şaşırtıcı**	[ʃaʃırtıdʒı]

Gruppe (f)	**grup**	[grup]
Ausflug (m)	**gezi**	[gezi]
Reiseleiter (m)	**rehber**	[rehber]

21. Hotel

Hotel (n)	**otel**	[otel]
Motel (n)	**motel**	[motel]

drei Sterne	üç yıldızlı	[ytʃ jıldızlı]
fünf Sterne	beş yıldızlı	[beʃ jıldızlı]
absteigen (vi)	kalmak	[kalmak]

Hotelzimmer (n)	oda	[oda]
Einzelzimmer (n)	tek kişilik oda	[tek kiʃilik oda]
Zweibettzimmer (n)	iki kişilik oda	[iki kiʃilik oda]
reservieren (vt)	oda ayırtmak	[oda aırtmak]

| Halbpension (f) | yarım pansiyon | [jarım pansjon] |
| Vollpension (f) | tam pansiyon | [tam pansjon] |

mit Bad	banyolu	[banjolu]
mit Dusche	duşlu	[duʃlu]
Satellitenfernsehen (n)	uydu televizyonu	[ujdu televizjonu]
Klimaanlage (f)	klima	[klima]
Handtuch (n)	havlu	[havlu]
Schlüssel (m)	anahtar	[anahtar]

Verwalter (m)	idareci	[idaredʒi]
Zimmermädchen (n)	hizmetçi	[hizmetʃi]
Träger (m)	hamal	[hamal]
Portier (m)	kapıcı	[kapıdʒı]

Restaurant (n)	restoran	[restoran]
Bar (f)	bar	[bar]
Frühstück (n)	kahvaltı	[kahvaltı]
Abendessen (n)	akşam yemeği	[akʃam jemei]
Buffet (n)	açık büfe	[atʃık byfe]

| Foyer (n) | lobi | [lobi] |
| Aufzug (m), Fahrstuhl (m) | asansör | [asansør] |

| BITTE NICHT STÖREN! | RAHATSIZ ETMEYIN | [rahatsız etmejin] |
| RAUCHEN VERBOTEN! | SİGARA İÇİLMEZ | [sigara itʃilmez] |

22. Sehenswürdigkeiten

Denkmal (n)	anıt	[anıt]
Festung (f)	kale	[kale]
Palast (m)	saray	[saraj]
Schloss (n)	şato	[ʃato]
Turm (m)	kule	[kule]
Mausoleum (n)	anıtkabir	[anıtkabir]

Architektur (f)	mimarlık	[mimarlık]
mittelalterlich	ortaçağ	[ortatʃaa]
alt (antik)	antik, eski	[antik], [eski]
national	milli	[milli]
berühmt	meşhur	[meʃhur]

Tourist (m)	turist	[turist]
Fremdenführer (m)	rehber	[rehber]
Ausflug (m)	gezi	[gezi]
zeigen (vt)	göstermek	[gøstermek]
erzählen (vt)	anlatmak	[anlatmak]

finden (vt)	bulmak	[bulmak]
sich verlieren	kaybolmak	[kajbolmak]
Karte (U-Bahn ~)	şema	[ʃema]
Karte (Stadt-)	plan	[plan]

Souvenir (n)	hediye	[hedije]
Souvenirladen (m)	hediyelik eşya mağazası	[hedijelik eʃja maazası]
fotografieren (vt)	fotoğraf çekmek	[fotoraf tʃekmek]
sich fotografieren	fotoğraf çektirmek	[fotoraf tʃektirmek]

TRANSPORT

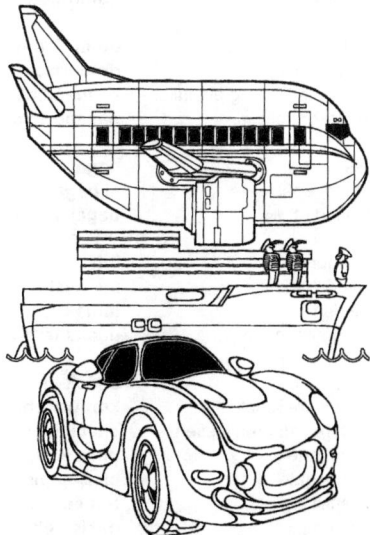

T&P Books Publishing

23. Flughafen

Flughafen (m)	**havaalanı**	[havaalanı]
Flugzeug (n)	**uçak**	[uʧak]
Fluggesellschaft (f)	**hava yolları şirketi**	[hava jolları ʃirketi]
Fluglotse (m)	**hava trafik kontrolörü**	[hava trafik kontroløry]
Abflug (m)	**kalkış**	[kalkıʃ]
Ankunft (f)	**varış**	[varıʃ]
anfliegen (vi)	**varmak**	[varmak]
Abflugzeit (f)	**kalkış saati**	[kalkıʃ saati]
Ankunftszeit (f)	**iniş saati**	[iniʃ saati]
sich verspäten	**gecikmek**	[gedʒikmek]
Abflugverspätung (f)	**gecikme**	[gedʒikme]
Anzeigetafel (f)	**bilgi panosu**	[bilgi panosu]
Information (f)	**danışma**	[danıʃma]
ankündigen (vt)	**anons etmek**	[anons etmek]
Flug (m)	**uçuş, sefer**	[uʧuʃ], [sefer]
Zollamt (n)	**gümrük**	[gymryk]
Zollbeamter (m)	**gümrükçü**	[gymrykʧu]
Zolldeklaration (f)	**gümrük beyannamesi**	[gymryk bejannamesi]
ausfüllen (vt)	**doldurmak**	[doldurmak]
die Zollerklärung ausfüllen	**beyanname doldurmak**	[bejanname doldurmak]
Passkontrolle (f)	**pasaport kontrol**	[pasaport kontrol]
Gepäck (n)	**bagaj**	[bagaʒ]
Handgepäck (n)	**el bagajı**	[el bagaʒı]
Kofferkuli (m)	**bagaj arabası**	[bagaʒ arabası]
Landung (f)	**iniş**	[iniʃ]
Landebahn (f)	**iniş pisti**	[iniʃ pisti]
landen (vi)	**inmek**	[inmek]
Fluggasttreppe (f)	**uçak merdiveni**	[uʧak merdiveni]
Check-in (n)	**check-in**	[ʧek in]
Check-in-Schalter (m)	**kontuar check-in**	[kontuar ʧek in]
sich registrieren lassen	**check-in yapmak**	[ʧek in japmak]
Bordkarte (f)	**biniş kartı**	[biniʃ kartı]
Abfluggate (n)	**çıkış kapısı**	[ʧıkıʃ kapısı]
Transit (m)	**transit**	[transit]
warten (vi)	**beklemek**	[beklemek]

Wartesaal (m)   bekleme salonu   [bekleme salonu]
begleiten (vt)   yolcu etmek   [joldʒu etmek]
sich verabschieden   vedalaşmak   [vedalaʃmak]

24. Flugzeug

Flugzeug (n)   uçak   [utʃak]
Flugticket (n)   uçak bileti   [utʃak bileti]
Fluggesellschaft (f)   hava yolları şirketi   [hava jolları ʃirketi]
Flughafen (m)   havaalanı   [havaalanı]
Überschall-   sesüstü   [sesysty]

Flugkapitän (m)   kaptan pilot   [kaptan pilot]
Besatzung (f)   ekip   [ekip]
Pilot (m)   pilot   [pilot]
Flugbegleiterin (f)   hostes   [hostes]
Steuermann (m)   seyrüseferci   [sejryseferdʒi]

Flügel (pl)   kanatlar   [kanatlar]
Schwanz (m)   kuyruk   [kujruk]
Kabine (f)   kabin   [kabin]
Motor (m)   motor   [motor]
Fahrgestell (n)   iniş takımı   [iniʃ takımı]
Turbine (f)   türbin   [tyrbin]

Propeller (m)   pervane   [pervane]
Flugschreiber (m)   kara kutu   [kara kutu]
Steuerrad (n)   kumanda kolu   [kumanda kolu]
Treibstoff (m)   yakıt   [jakıt]

Sicherheitskarte (f)   güvenlik kartı   [gyvenlik kartı]
Sauerstoffmaske (f)   oksijen maskesi   [oksiʒen maskesi]
Uniform (f)   üniforma   [yniforma]
Rettungsweste (f)   can yeleği   [dʒan jelei]
Fallschirm (m)   paraşüt   [paraʃyt]

Abflug, Start (m)   kalkış   [kalkıʃ]
starten (vi)   kalkmak   [kalkmak]
Startbahn (f)   kalkış pisti   [kalkıʃ pisti]

Sicht (f)   görüş   [gøryʃ]
Flug (m)   uçuş   [utʃuʃ]
Höhe (f)   yükseklik   [jukseklik]
Luftloch (n)   hava boşluğu   [hava boʃluu]

Platz (m)   yer   [jer]
Kopfhörer (m)   kulaklık   [kulaklık]
Klapptisch (m)   katlanır tepsi   [katlanır tepsi]
Bullauge (n)   pencere   [pendʒere]
Durchgang (m)   koridor   [koridor]

25. Zug

Zug (m)	tren	[tren]
elektrischer Zug (m)	elektrikli tren	[elektrikli tron]
Schnellzug (m)	hızlı tren	[hızlı tren]
Diesellok (f)	dizel lokomotifi	[dizel lokomotifi]
Dampflok (f)	buharlı lokomotif	[buharlı lokomotif]
Personenwagen (m)	vagon	[vagon]
Speisewagen (m)	vagon restoran	[vagon restoran]
Schienen (pl)	ray	[raj]
Eisenbahn (f)	demir yolu	[demir jolu]
Bahnschwelle (f)	travers	[travers]
Bahnsteig (m)	peron	[peron]
Gleis (n)	yol	[jol]
Eisenbahnsignal (n)	semafor	[semafor]
Station (f)	istasyon	[istasjon]
Lokomotivführer (m)	makinist	[makinist]
Träger (m)	hamal	[hamal]
Schaffner (m)	kondüktör	[kondyktør]
Fahrgast (m)	yolcu	[joldʒu]
Fahrkartenkontrolleur (m)	kondüktör	[kondyktør]
Flur (m)	koridor	[koridor]
Notbremse (f)	imdat freni	[imdat freni]
Abteil (n)	kompartıman	[kompartıman]
Liegeplatz (m), Schlafkoje (f)	yatak	[jatak]
oberer Liegeplatz (m)	üst yatak	[yst jatak]
unterer Liegeplatz (m)	alt yatak	[alt jatak]
Bettwäsche (f)	yatak takımı	[jatak takımı]
Fahrkarte (f)	bilet	[bilet]
Fahrplan (m)	tarife	[tarife]
Anzeigetafel (f)	sefer tarifesi	[sefer tarifesi]
abfahren (der Zug)	kalkmak	[kalkmak]
Abfahrt (f)	kalkış	[kalkıʃ]
ankommen (der Zug)	varmak	[varmak]
Ankunft (f)	varış	[varıʃ]
mit dem Zug kommen	trenle gelmek	[trenle gelmek]
in den Zug einsteigen	trene binmek	[trene binmek]
aus dem Zug aussteigen	trenden inmek	[trenden inmek]
Zugunglück (n)	tren enkazı	[tren enkazı]
entgleisen (vi)	raydan çıkmak	[rajdan tʃıkmak]
Dampflok (f)	buharlı lokomotif	[buharlı lokomotif]

Heizer (m)	ocakçı	[udʒakʧi]
Feuerbüchse (f)	ocak	[odʒak]
Kohle (f)	kömür	[kømyr]

26. Schiff

| Schiff (n) | gemi | [gemi] |
| Fahrzeug (n) | tekne | [tekne] |

Dampfer (m)	vapur	[vapur]
Motorschiff (n)	dizel motorlu gemi	[dizel motorlu gemi]
Kreuzfahrtschiff (n)	büyük gemi	[byjuk gemi]
Kreuzer (m)	kruvazör	[kruvazør]

Jacht (f)	yat	[jat]
Schlepper (m)	römorkör	[rømorkør]
Lastkahn (m)	yük dubası	[juk dubası]
Fähre (f)	feribot	[feribot]

| Segelschiff (n) | yelkenli gemi | [jelkenli gemi] |
| Brigantine (f) | gulet | [gulet] |

| Eisbrecher (m) | buzkıran | [buzkıran] |
| U-Boot (n) | denizaltı | [denizaltı] |

Boot (n)	kayık	[kajık]
Dingi (n), Beiboot (n)	filika	[filika]
Rettungsboot (n)	cankurtaran filikası	[dʒankurtaran filikası]
Motorboot (n)	sürat teknesi	[syrat teknesi]

Kapitän (m)	kaptan	[kaptan]
Matrose (m)	tayfa	[tajfa]
Seemann (m)	denizci	[denizdʒi]
Besatzung (f)	mürettebat	[myrettebat]

Bootsmann (m)	lostromo	[lostromo]
Schiffsjunge (m)	miço	[miʧo]
Schiffskoch (m)	gemi aşçısı	[gemi aʃʧısı]
Schiffsarzt (m)	gemi doktoru	[gemi doktoru]

Deck (n)	güverte	[gyverte]
Mast (m)	direk	[direk]
Segel (n)	yelken	[jelken]

Schiffsraum (m)	ambar	[ambar]
Bug (m)	geminin baş tarafı	[geminin baʃ tarafı]
Heck (n)	kıç	[kıʧ]
Ruder (n)	kürek	[kyrek]
Schraube (f)	pervane	[pervane]
Kajüte (f)	kamara	[kamara]

Messe (f)	subay yemek salonu	[subaj jemek salonu]
Maschinenraum (m)	makine dairesi	[makine dairesi]
Kommandobrücke (f)	kaptan köprüsü	[kaptan køprysy]
Funkraum (m)	telsiz odası	[telsiz odası]
Radiowelle (f)	dalga	[dalga]
Schiffstagebuch (n)	gemi jurnali	[gemi ʒurnalı]

Fernrohr (n)	tek dürbün	[tek dyrbyn]
Glocke (f)	çan	[ʧan]
Fahne (f)	bayrak	[bajrak]

Seil (n)	halat	[halat]
Knoten (m)	düğüm	[dyjum]

Geländer (n)	vardavela	[vardavela]
Treppe (f)	iskele	[iskele]

Anker (m)	çapa, demir	[ʧapa], [demir]
den Anker lichten	demir almak	[demir almak]
Anker werfen	demir atmak	[demir atmak]
Ankerkette (f)	çapa zinciri	[ʧapa zindʒiri]

Hafen (m)	liman	[liman]
Anlegestelle (f)	iskele, rıhtım	[iskele], [rıhtım]
anlegen (vi)	yanaşmak	[janaʃmak]
abstoßen (vt)	iskeleden ayrılmak	[iskeleden ajrılmak]

Reise (f)	seyahat	[sejahat]
Kreuzfahrt (f)	gemi turu	[gemi turu]
Kurs (m), Richtung (f)	seyir	[sejir]
Reiseroute (f)	rota	[rota]

Fahrwasser (n)	seyir koridoru	[sejir koridoru]
Untiefe (f)	sığlık	[sıːılık]
stranden (vi)	karaya oturmak	[karaja oturmak]

Sturm (m)	fırtına	[fırtına]
Signal (n)	sinyal	[sinjal]
untergehen (vi)	batmak	[batmak]
Mann über Bord!	denize adam düştü	[denize adam dyʃty]
SOS	SOS	[es o es]
Rettungsring (m)	can simidi	[dʒan simidi]

BOOKS

T&P

STADT

T&P Books Publishing

27. Innerstädtischer Transport

Bus (m)	otobüs	[otobys]
Straßenbahn (f)	tramvay	[tramvaj]
Obus (m)	troleybüs	[trolejbys]
Linie (f)	rota	[rota]
Nummer (f)	numara	[numara]

mit ... fahren	... gitmek	[gitmek]
einsteigen (vi)	... binmek	[binmek]
aussteigen (aus dem Bus)	... inmek	[inmek]

Haltestelle (f)	durak	[durak]
nächste Haltestelle (f)	sonraki durak	[sonraki durak]
Endhaltestelle (f)	son durak	[son durak]
Fahrplan (m)	tarife	[tarife]
warten (vi, vt)	beklemek	[beklemek]

Fahrkarte (f)	bilet	[bilet]
Fahrpreis (m)	bilet fiyatı	[bilet fijatı]

Kassierer (m)	kasiyer	[kasijer]
Fahrkartenkontrolle (f)	bilet kontolü	[bilet kontroly]
Fahrkartenkontrolleur (m)	kondüktör	[kondyktør]

sich verspäten	gecikmek	[gedʒikmek]
versäumen (Zug usw.)	... kaçırmak	[katʃırmak]
sich beeilen	acele etmek	[adʒele etmek]

Taxi (n)	taksi	[taksi]
Taxifahrer (m)	taksici	[taksidʒi]
mit dem Taxi	taksiyle	[taksijle]
Taxistand (m)	taksi durağı	[taksi duraı]
ein Taxi rufen	taksi çağırmak	[taksi tʃaırmak]
ein Taxi nehmen	taksi tutmak	[taksi tutmak]

Straßenverkehr (m)	trafik	[trafik]
Stau (m)	trafik sıkışıklığı	[trafik sıkıʃıklı:ı]
Hauptverkehrszeit (f)	bitirim ikili	[bitirim ikili]
parken (vi)	park etmek	[park etmek]
parken (vt)	park etmek	[park etmek]
Parkplatz (m)	park yeri	[park jeri]

U-Bahn (f)	metro	[metro]
Station (f)	istasyon	[istasjon]
mit der U-Bahn fahren	metroya binmek	[metroja binmek]

| Zug (m) | tren | [tren] |
| Bahnhof (m) | istasyon | [istasjon] |

28. Stadt. Leben in der Stadt

Stadt (f)	kent, şehir	[kent], [ʃehir]
Hauptstadt (f)	başkent	[baʃkent]
Dorf (n)	köy	[køj]

Stadtplan (m)	şehir planı	[ʃehir planı]
Stadtzentrum (n)	şehir merkezi	[ʃehir merkezi]
Vorort (m)	varoş	[varoʃ]
Vorort-	banliyö	[banljø]

Stadtrand (m)	şehir kenarı	[ʃehir kenarı]
Umgebung (f)	çevre	[tʃevre]
Stadtviertel (n)	mahalle	[mahale]
Wohnblock (m)	yerleşim bölgesi	[jerleʃim bølgesi]

Straßenverkehr (m)	trafik	[trafik]
Ampel (f)	trafik ışıkları	[trafik ıʃıkları]
Stadtverkehr (m)	toplu taşıma	[toplu taʃıma]
Straßenkreuzung (f)	kavşak	[kavʃak]

Übergang (m)	yaya geçidi	[jaja getʃidi]
Fußgängerunterführung (f)	yeraltı geçidi	[jeraltı getʃidi]
überqueren (vt)	geçmek	[getʃmek]
Fußgänger (m)	yaya	[jaja]
Gehweg (m)	yaya kaldırımı	[jaja kaldırımı]

Brücke (f)	köprü	[køpry]
Kai (m)	rıhtım	[rıhtım]
Springbrunnen (m)	çeşme	[tʃeʃme]

Allee (f)	park yolu	[park jolu]
Park (m)	park	[park]
Boulevard (m)	bulvar	[bulvar]
Platz (m)	meydan	[mejdan]
Avenue (f)	geniş cadde	[geniʃ dʒadde]
Straße (f)	sokak, cadde	[sokak], [dʒadde]
Gasse (f)	ara sokak	[ara sokak]
Sackgasse (f)	çıkmaz sokak	[tʃıkmaz sokak]

Haus (n)	ev	[ev]
Gebäude (n)	bina	[bina]
Wolkenkratzer (m)	gökdelen	[gøkdelen]

Fassade (f)	cephe	[dʒephe]
Dach (n)	çatı	[tʃatı]
Fenster (n)	pencere	[pendʒere]

Bogen (m)	kemer	[kemer]
Säule (f)	sütün	[sytyn]
Ecke (f)	köşe	[køʃe]

Schaufenster (n)	vitrin	[vitrin]
Firmenschild (n)	levha	[levha]
Anschlag (m)	afiş	[afiʃ]
Werbeposter (m)	reklam panosu	[reklam panosu]
Werbeschild (n)	reklam panosu	[reklam panosu]

Müll (m)	çöp	[ʧøp]
Mülleimer (m)	çöp tenekesi	[ʧøp tenekesi]
Abfall wegwerfen	çöp atmak	[ʧøp atmak]
Mülldeponie (f)	çöplük	[ʧøplyk]

Telefonzelle (f)	telefon kulübesi	[telefon kylybesi]
Straßenlaterne (f)	fener direği	[fener direi]
Bank (Park-)	bank	[bank]

Polizist (m)	erkek polis	[erkek polis]
Polizei (f)	polis	[polis]
Bettler (m)	dilenci	[dilendʒi]
Obdachlose (m)	evsiz	[evsiz]

29. Innerstädtische Einrichtungen

Laden (m)	mağaza	[maaza]
Apotheke (f)	eczane	[edʒzane]
Optik (f)	optik	[optik]
Einkaufszentrum (n)	alışveriş merkezi	[alıʃveriʃ merkezi]
Supermarkt (m)	süpermarket	[sypermarket]

Bäckerei (f)	ekmekçi dükkânı	[ekmekʧi dykkanı]
Bäcker (m)	fırıncı	[fırındʒı]
Konditorei (f)	pastane	[pastane]
Lebensmittelladen (m)	bakkaliye	[bakkalije]
Metzgerei (f)	kasap dükkanı	[kasap dykkanı]

Gemüseladen (m)	manav	[manav]
Markt (m)	çarşı	[ʧarʃı]

Kaffeehaus (n)	kahvehane	[kahvehane]
Restaurant (n)	restoran	[restoran]
Bierstube (f)	birahane	[birahane]
Pizzeria (f)	pizzacı	[pizadʒı]

Friseursalon (m)	kuaför salonu	[kuafør salonu]
Post (f)	postane	[postane]
chemische Reinigung (f)	kuru temizleme	[kuru temizleme]
Fotostudio (n)	fotoğraf stüdyosu	[fotoraf stydjosu]

Schuhgeschäft (n)	ayakkabı mağazası	[ajakkabı maazası]
Buchhandlung (f)	kitabevi	[kitabevi]
Sportgeschäft (n)	spor mağazası	[spor maazası]
Kleiderreparatur (f)	elbise tamiri	[elbise tamiri]
Bekleidungsverleih (m)	giysi kiralama	[gijsı kiralama]
Videothek (f)	film kiralama	[film kiralama]
Zirkus (m)	sirk	[sirk]
Zoo (m)	hayvanat bahçesi	[hajvanat bahtʃesi]
Kino (n)	sinema	[sinema]
Museum (n)	müze	[myze]
Bibliothek (f)	kütüphane	[kytyphane]
Theater (n)	tiyatro	[tijatro]
Opernhaus (n)	opera	[opera]
Nachtklub (m)	gece kulübü	[gedʒe kulyby]
Kasino (n)	kazino	[kazino]
Moschee (f)	cami	[dʒami]
Synagoge (f)	sinagog	[sinagog]
Kathedrale (f)	katedral	[katedral]
Tempel (m)	ibadethane	[ibadethane]
Kirche (f)	kilise	[kilise]
Institut (n)	enstitü	[enstity]
Universität (f)	üniversite	[yniversite]
Schule (f)	okul	[okul]
Präfektur (f)	belediye	[beledije]
Rathaus (n)	belediye	[beledije]
Hotel (n)	otel	[otel]
Bank (f)	banka	[banka]
Botschaft (f)	elçilik	[eltʃilik]
Reisebüro (n)	seyahat acentesi	[sejahat adʒentesi]
Informationsbüro (n)	danışma bürosu	[danıʃma byrosu]
Wechselstube (f)	döviz bürosu	[døviz byrosu]
U-Bahn (f)	metro	[metro]
Krankenhaus (n)	hastane	[hastane]
Tankstelle (f)	benzin istasyonu	[benzin istasjonu]
Parkplatz (m)	park yeri	[park jeri]

30. Schilder

Firmenschild (n)	levha	[levha]
Aufschrift (f)	yazı	[jazı]
Plakat (n)	poster, afiş	[poster], [afiʃ]

Wegweiser (m)	işaret	[iʃaret]
Pfeil (m)	ok	[ok]
Vorsicht (f)	ikaz, uyarı	[ikaz], [ujarı]
Warnung (f)	uyarı	[ujarı]
warnen (vt)	uyarmak	[ujarmak]
freier Tag (m)	tatil günü	[tatil gyny]
Fahrplan (m)	tarife	[tarife]
Öffnungszeiten (pl)	çalışma saatleri	[tʃalıʃma saatleri]
HERZLICH WILLKOMMEN!	HOŞ GELDİNİZ	[hoʃ geldiniz]
EINGANG	GİRİŞ	[giriʃ]
AUSGANG	ÇIKIŞ	[tʃıkıʃ]
DRÜCKEN	İTİNİZ	[itiniz]
ZIEHEN	ÇEKİNİZ	[tʃekiniz]
GEÖFFNET	AÇIK	[atʃık]
GESCHLOSSEN	KAPALI	[kapalı]
DAMEN, FRAUEN	BAYAN	[bajan]
HERREN, MÄNNER	BAY	[baj]
AUSVERKAUF	İNDİRİM	[indirim]
REDUZIERT	UCUZLUK	[udʒuzluk]
NEU!	YENİ	[jeni]
GRATIS	BEDAVA	[bedava]
ACHTUNG!	DİKKAT!	[dikkat]
ZIMMER BELEGT	BOŞ YER YOK	[boʃ jer jok]
RESERVIERT	REZERVE	[rezerve]
VERWALTUNG	MÜDÜR	[mydyr]
NUR FÜR PERSONAL	PERSONEL HARİCİ GİREMEZ	[personel haridʒi giremez]
VORSICHT BISSIGER HUND	DİKKAT KÖPEK VAR	[dikkat køpek var]
RAUCHEN VERBOTEN!	SİGARA İÇİLMEZ	[sigara itʃilmez]
BITTE NICHT BERÜHREN	DOKUNMAK YASAKTIR	[dokunmak jasaktır]
GEFÄHRLICH	TEHLİKELİ	[tehlikeli]
VORSICHT!	TEHLİKE	[tehlike]
HOCHSPANNUNG	YÜKSEK GERİLİM	[juksek gerilim]
BADEN VERBOTEN	SUYA GİRMEK YASAKTIR	[suja girmek jasaktır]
AUßER BETRIEB	HİZMET DIŞI	[hizmet dıʃı]
LEICHTENTZÜNDLICH	YANICI MADDE	[janidʒi madde]
VERBOTEN	YASAKTIR	[jasaktır]

DUROI IOANG	GİRMEK YASAKTIR	[girmek jasaktır]
VERBOTEN		
FRISCH GESTRICHEN	DİKKAT ISLAK BOYA	[dikkat ıslak boja]

31. Shopping

kaufen (vt)	satın almak	[satın almak]
Einkauf (m)	satın alınan şey	[satın alınan ʃej]
einkaufen gehen	alışverişe gitmek	[alıʃveriʃe gitmek]
Einkaufen (n)	alışveriş	[alıʃveriʃ]

offen sein (Laden)	çalışmak	[tʃalıʃmak]
zu sein	kapanmak	[kapanmak]

Schuhe (pl)	ayakkabı	[ajakkabı]
Kleidung (f)	elbise	[elbise]
Kosmetik (f)	kozmetik	[kozmetik]
Lebensmittel (pl)	gıda ürünleri	[gıda jurynleri]
Geschenk (n)	hediye	[hedije]

Verkäufer (m)	satıcı	[satıdʒı]
Verkäuferin (f)	satıcı kadın	[satıdʒı kadın]

Kasse (f)	kasa	[kasa]
Spiegel (m)	ayna	[ajna]
Ladentisch (m)	tezgâh	[tezgjah]
Umkleidekabine (f)	deneme kabini	[deneme kabini]

anprobieren (vt)	prova yapmak	[prova japmak]
passen (Schuhe, Kleid)	uymak	[ujmak]
gefallen (vi)	hoşlanmak	[hoʃlanmak]

Preis (m)	fiyat	[fijat]
Preisschild (n)	fiyat etiketi	[fijat etiketleri]
kosten (vt)	değerinde olmak	[deerinde olmak]
Wie viel?	Kaç?	[katʃ]
Rabatt (m)	indirim	[indirim]

preiswert	masrafsız	[masrafsıs]
billig	ucuz	[udʒuz]
teuer	pahalı	[pahalı]
Das ist teuer	bu pahalıdır	[bu pahalıdır]

Verleih (m)	kira	[kira]
leihen, mieten	kiralamak	[kiralamak]
(ein Auto usw.)		
Kredit (m), Darlehen (n)	kredi	[kredi]
auf Kredit	krediyle	[kredijle]

T&P BOOKS

KLEIDUNG & ACCESSOIRES

T&P Books Publishing

32. Oberbekleidung. Mäntel

Kleidung (f)	elbise, kıyafet	[elbise], [kıjafet]
Oberkleidung (f)	üst kıyafet	[yst kıjafet]
Winterkleidung (f)	kışlık kıyafet	[kıʃlık kıjafet]

Mantel (m)	palto	[palto]
Pelzmantel (m)	kürk manto	[kyrk manto]
Pelzjacke (f)	kürk ceket	[kyrk dʒeket]
Daunenjacke (f)	ceket aşağı	[dʒeket aʃaı]

Jacke (z.B. Lederjacke)	ceket	[dʒeket]
Regenmantel (m)	trençkot	[trentʃkot]
wasserdicht	su geçirmez	[su getʃirmez]

33. Herren- & Damenbekleidung

Hemd (n)	gömlek	[gømlek]
Hose (f)	pantolon	[pantolon]
Jeans (pl)	kot pantolon	[kot pantolon]
Jackett (n)	ceket	[dʒeket]
Anzug (m)	takım elbise	[takım elbise]

Damenkleid (n)	elbise, kıyafet	[elbise], [kıjafet]
Rock (m)	etek	[etek]
Bluse (f)	gömlek, bluz	[gømlek], [bluz]
Strickjacke (f)	hırka	[hırka]
Jacke (Damen Kostüm)	ceket	[dʒeket]

T-Shirt (n)	tişört	[tiʃørt]
Shorts (pl)	şort	[ʃort]
Sportanzug (m)	eşofman	[eʃofman]
Bademantel (m)	bornoz	[bornoz]
Schlafanzug (m)	pijama	[piʒama]

Sweater (m)	süveter	[syveter]
Pullover (m)	pulover	[pulover]

Weste (f)	yelek	[jelek]
Frack (m)	frak	[frak]
Smoking (m)	smokin	[smokin]

Uniform (f)	üniforma	[yniforma]
Arbeitskleidung (f)	iş elbisesi	[iʃ elbisesi]

| Overall (m) | tulum | [tulum] |
| Kittel (z.B. Arztkittel) | önlük | [ønlyk] |

34. Kleidung. Unterwäsche

Unterwäsche (f)	iç çamaşırı	[itʃ tʃamaʃırı]
Herrenslip (m)	şort külot	[ʃort kylot]
Damenslip (m)	bayan külot	[bajan kylot]
Unterhemd (n)	atlet	[atlet]
Socken (pl)	kısa çorap	[kısa tʃorap]

Nachthemd (n)	gecelik	[gedʒelik]
Büstenhalter (m)	sutyen	[sutjen]
Kniestrümpfe (pl)	diz hizası çorap	[diz hizası tʃorap]
Strumpfhose (f)	külotlu çorap	[kyløtly tʃorap]
Strümpfe (pl)	çorap	[tʃorap]
Badeanzug (m)	mayo	[majo]

35. Kopfbekleidung

Mütze (f)	şapka	[ʃapka]
Filzhut (m)	fötr şapka	[føtr ʃapka]
Baseballkappe (f)	beyzbol şapkası	[bejzbol ʃapkası]
Schiebermütze (f)	kasket	[kasket]

Baskenmütze (f)	bere	[bere]
Kapuze (f)	kapüşon	[kapyʃon]
Panamahut (m)	panama	[panama]
Strickmütze (f)	örgü şapka	[ørgy ʃapka]

| Kopftuch (n) | başörtüsü | [baʃ ørtysy] |
| Damenhut (m) | kadın şapkası | [kadın ʃapkası] |

Schutzhelm (m)	baret, kask	[baret], [kask]
Feldmütze (f)	kayık kep	[kajık kep]
Helm (z.B. Motorradhelm)	kask	[kask]

| Melone (f) | melon şapka | [melon ʃapka] |
| Zylinder (m) | silindir şapka | [silindir ʃapka] |

36. Schuhwerk

Schuhe (pl)	ayakkabı	[ajakkabı]
Stiefeletten (pl)	potinler	[potinler]
Halbschuhe (pl)	ayakkabılar	[ajakkabılar]

Stiefel (pl)	çizmeler	[tʃizmeler]
Hausschuhe (pl)	terlik	[terlik]
Tennisschuhe (pl)	tenis ayakkabısı	[tenis ajakkabısı]
Lehronschuhe (nl)	spor ayakkabısı	[spor ajakkabısı]
Sandalen (pl)	sandalet	[şandalet]

Schuster (m)	ayakkabıcı	[ajakkabıdʒı]
Absatz (m)	topuk	[topuk]
Paar (n)	bir çift ayakkabı	[bir tʃift ajakkabı]

Schnürsenkel (m)	bağ	[baa]
schnüren (vt)	bağlamak	[baalamak]
Schuhlöffel (m)	kaşık	[kaʃık]
Schuhcreme (f)	ayakkabı boyası	[ajakkabı bojası]

37. Persönliche Accessoires

Handschuhe (pl)	eldiven	[eldiven]
Fausthandschuhe (pl)	tek parmaklı eldiven	[tek parmaklı eldiven]
Schal (Kaschmir-)	atkı	[atkı]

Brille (f)	gözlük	[gøzlyk]
Brillengestell (n)	çerçeve	[tʃertʃeve]
Regenschirm (m)	şemsiye	[ʃemsije]
Spazierstock (m)	baston	[baston]
Haarbürste (f)	saç fırçası	[satʃ firtʃası]
Fächer (m)	yelpaze	[jelpaze]
Krawatte (f)	kravat	[kravat]
Fliege (f)	papyon	[papjon]
Hosenträger (pl)	pantolon askısı	[pantolon askısı]
Taschentuch (n)	mendil	[mendil]

Kamm (m)	tarak	[tarak]
Haarspange (f)	toka	[toka]
Haarnadel (f)	firkete	[firkete]
Schnalle (f)	kemer tokası	[kemer tokası]

| Gürtel (m) | kemer | [kemer] |
| Umhängegurt (m) | kayış | [kajıʃ] |

Tasche (f)	çanta	[tʃanta]
Handtasche (f)	bayan çantası	[bajan tʃantası]
Rucksack (m)	arka çantası	[arka tʃantası]

38. Kleidung. Verschiedenes

| Mode (f) | moda | [moda] |
| modisch | modaya uygun | [modaja ujgun] |

Modedesigner (m)	modelci	[mɔdɛldʒi]
Kragen (m)	yaka	[jaka]
Tasche (f)	cep	[dʒep]
Taschen-	cep	[dʒep]
Ärmel (m)	kol	[kol]
Aufhänger (m)	askı	[askı]
Hosenschlitz (m)	pantolon fermuarı	[pantolon fermuarı]

Reißverschluss (m)	fermuar	[fermuar]
Verschluss (m)	kopça	[koptʃa]
Knopf (m)	düğme	[dyjme]
Knopfloch (n)	düğme iliği	[dyjme iliːi]
abgehen (Knopf usw.)	kopmak	[kopmak]

nähen (vi, vt)	dikmek	[dikmek]
sticken (vt)	nakış işlemek	[nakıʃ iʃlemek]
Stickerei (f)	nakış	[nakıʃ]
Nadel (f)	iğne	[iːine]
Faden (m)	iplik	[iplik]
Naht (f)	dikiş	[dikiʃ]

sich beschmutzen	kirlenmek	[kirlenmek]
Fleck (m)	leke	[leke]
sich knittern	buruşmak	[buruʃmak]
zerreißen (vt)	yırtmak	[jırtmak]
Motte (f)	güve	[gyve]

39. Kosmetikartikel. Kosmetik

Zahnpasta (f)	diş macunu	[diʃ madʒunu]
Zahnbürste (f)	diş fırçası	[diʃ fırtʃası]
Zähne putzen	dişlerini fırçalamak	[diʃlerini fırtʃalamak]

Rasierer (m)	jilet	[ʒilet]
Rasiercreme (f)	tıraş kremi	[tıraʃ kremi]
sich rasieren	tıraş olmak	[tıraʃ olmak]

Seife (f)	sabun	[sabun]
Shampoo (n)	şampuan	[ʃampuan]

Schere (f)	makas	[makas]
Nagelfeile (f)	tırnak törpüsü	[tırnak tørpysy]
Nagelzange (f)	tırnak makası	[tırnak makası]
Pinzette (f)	cımbız	[dʒımbız]

Kosmetik (f)	kozmetik	[kozmetik]
Gesichtsmaske (f)	yüz maskesi	[juz maskesi]
Maniküre (f)	manikür	[manikyr]
Maniküre machen	manikür yapmak	[manikyr japmak]
Pediküre (f)	pedikür	[pedikyr]

Kosmetiktasche (f)	makyaj çantası	[makjaʒ ʧantası]
Puder (m)	pudra	[pudra]
Puderdose (f)	pudralık	[pudralık]
Rouge (n)	allık	[allık]

Parfüm (n)	parfüm	[parfym]
Duftwasser (n)	parfüm suyu	[parfym suju]
Lotion (f)	losyon	[losjon]
Kölnischwasser (n)	kolonya	[kolonja]

Lidschatten (m)	far	[far]
Kajalstift (m)	göz kalemi	[gøz kalemi]
Wimperntusche (f)	rimel	[rimel]

Lippenstift (m)	ruj	[ruʒ]
Nagellack (m)	oje	[oʒe]
Haarlack (m)	saç spreyi	[saʧ spreji]
Deodorant (n)	deodorant	[deodorant]

Creme (f)	krem	[krem]
Gesichtscreme (f)	yüz kremi	[juz kremi]
Handcreme (f)	el kremi	[el kremi]
Anti-Falten-Creme (f)	kırışıklık giderici krem	[kırıʃıklık gideriʤi krem]
Tagescreme (f)	gündüz kremi	[gyndyz krem]
Nachtcreme (f)	gece kremi	[geʤe kremi]
Tages-	gündüz	[gyndyz]
Nacht-	gece	[geʤe]

Tampon (m)	tampon	[tampon]
Toilettenpapier (n)	tuvalet kağıdı	[tuvalet kaıdı]
Föhn (m)	saç kurutma makinesi	[saʧ kurutma makinesi]

40. Armbanduhren Uhren

Armbanduhr (f)	el saati	[el saati]
Zifferblatt (n)	kadran	[kadran]
Zeiger (m)	akrep, yelkovan	[akrep], [jelkovan]
Metallarmband (n)	metal kordon	[metal kordon]
Uhrenarmband (n)	kayış	[kajıʃ]

Batterie (f)	pil	[pil]
verbraucht sein	bitmek	[bitmek]
die Batterie wechseln	pil değiştirmek	[pil deiʃtirmek]
vorgehen (vi)	ileri gitmek	[ileri gitmek]
nachgehen (vi)	geride kalmak	[geride kalmak]

Wanduhr (f)	duvar saati	[duvar saati]
Sanduhr (f)	kum saati	[kum saati]
Sonnenuhr (f)	güneş saati	[gyneʃ saati]
Wecker (m)	çalar saat	[ʧalar saat]

Uhrmacher (m)	**saatçi**	[saatʃi]
reparieren (vt)	**tamir etmek**	[tamir etmek]

ALLTAGSERFAHRUNG

T&P Books Publishing

41. Geld

Geld (n)	para	[para]
Austausch (m)	kambiyo	[kambijo]
Kurs (m)	kur	[kur]
Geldautomat (m)	bankamatik	[bankamatik]
Münze (f)	para	[para]

Dollar (m)	dolar	[dolar]
Euro (m)	Euro	[juro]

Lira (f)	liret	[liret]
Mark (f)	Alman markı	[alman markı]
Franken (m)	frank	[frank]
Pfund Sterling (n)	İngiliz sterlini	[ingiliz sterlini]
Yen (m)	yen	[jen]

Schulden (pl)	borç	[bortʃ]
Schuldner (m)	borçlu	[bortʃlu]
leihen (vt)	borç vermek	[bortʃ vermek]
leihen, borgen (Geld usw.)	borç almak	[bortʃ almak]

Bank (f)	banka	[banka]
Konto (n)	hesap	[hesap]
auf ein Konto einzahlen	para yatırmak	[para jatırmak]
abheben (vt)	hesaptan çekmek	[hesaptan tʃekmek]

Kreditkarte (f)	kredi kartı	[kredi kartı]
Bargeld (n)	nakit para	[nakit para]
Scheck (m)	çek	[tʃek]
einen Scheck schreiben	çek yazmak	[tʃek jazmak]
Scheckbuch (n)	çek defteri	[tʃek defteri]

Geldtasche (f)	cüzdan	[dʒyzdan]
Geldbeutel (m)	para cüzdanı	[para dʒyzdanı]
Safe (m)	para kasası	[para kasası]

Erbe (m)	mirasçı	[mirastʃı]
Erbschaft (f)	miras	[miras]
Vermögen (n)	varlık	[varlık]

Pacht (f)	kira	[kira]
Miete (f)	ev kirası	[ev kirası]
mieten (vt)	kiralamak	[kiralamak]
Preis (m)	fiyat	[fijat]
Kosten (pl)	maliyet	[malijet]

Summe (f)	toplam	[toplam]
ausgeben (vt)	harcamak	[hardʒamak]
Ausgaben (pl)	masraflar	[masraflar]
sparen (vt)	idareli kullanmak	[idareli kullanmak]
sparsam	tutumlu	[tutumlu]

zahlen (vt)	ödemek	[ødemek]
Lohn (m)	ödeme	[ødeme]
Wechselgeld (n)	para üstü	[para justy]

Steuer (f)	vergi	[vergi]
Geldstrafe (f)	ceza	[dʒeza]
bestrafen (vt)	ceza kesmek	[dʒeza kesmek]

42. Post. Postdienst

Post (Postamt)	postane	[postane]
Post (Postsendungen)	posta	[posta]
Briefträger (m)	postacı	[postadʒı]
Öffnungszeiten (pl)	çalışma saatleri	[tʃalıʃma saatleri]

Brief (m)	mektup	[mektup]
Einschreibebrief (m)	taahhütlü mektup	[ta:hhytly mektup]
Postkarte (f)	kart	[kart]
Telegramm (n)	telgraf	[telgraf]

Postpaket (n)	koli	[koli]
Geldanweisung (f)	para havalesi	[para havalesi]

bekommen (vt)	almak	[almak]
abschicken (vt)	göndermek	[gøndermek]
Absendung (f)	gönderme	[gønderme]

Postanschrift (f)	adres	[adres]
Postleitzahl (f)	endeks, indeks	[endeks], [indeks]

Absender (m)	gönderen	[gønderen]
Empfänger (m)	alıcı	[alıdʒı]

Vorname (m)	ad, isim	[ad], [isim]
Nachname (m)	soyadı	[sojadı]

Tarif (m)	tarife	[tarife]
Standard- (Tarif)	normal	[normal]
Spar- (-tarif)	ekonomik	[ekonomik]

Gewicht (n)	ağırlık	[aırlık]
abwiegen (vt)	tartmak	[tartmak]
Briefumschlag (m)	zarf	[zarf]
Briefmarke (f)	pul	[pul]

43. Bankgeschäft

Bank (f)	banka	[banka]
Filiale (f)	banka şubesi	[banka ʃubesı]
Berater (m)	danışman	[danıʃman]
Leiter (m)	yönetici	[jønetidʒi]
Konto (n)	hesap	[hesap]
Kontonummer (f)	hesap numarası	[hesap numarası]
Kontokorrent (n)	çek hesabı	[tʃek hesabı]
Sparkonto (n)	mevduat hesabı	[mevduat hesabı]
ein Konto eröffnen	hesap açmak	[hesap atʃmak]
das Konto schließen	hesap kapatmak	[hesap kapatmak]
einzahlen (vt)	para yatırmak	[para jatırmak]
abheben (vt)	hesaptan çekmek	[hesaptan tʃekmek]
Einzahlung (f)	mevduat	[mevduat]
eine Einzahlung machen	depozito vermek	[depozito vermek]
Überweisung (f)	havale	[havale]
überweisen (vt)	havale etmek	[havale etmek]
Summe (f)	toplam	[toplam]
Wieviel?	Kaç?	[katʃ]
Unterschrift (f)	imza	[imza]
unterschreiben (vt)	imzalamak	[imzalamak]
Kreditkarte (f)	kredi kartı	[kredi kartı]
Code (m)	kod	[kod]
Kreditkartennummer (f)	kredi kartı numarası	[kredi kartı numarası]
Geldautomat (m)	bankamatik	[bankamatik]
Scheck (m)	çek	[tʃek]
einen Scheck schreiben	çek yazmak	[tʃek jazmak]
Scheckbuch (n)	çek defteri	[tʃek defteri]
Darlehen (m)	kredi	[kredi]
ein Darlehen beantragen	krediye başvurmak	[kredije baʃvurmak]
ein Darlehen aufnehmen	kredi almak	[kredi almak]
ein Darlehen geben	kredi vermek	[kredi vermek]
Sicherheit (f)	garanti	[garanti]

44. Telefon. Telefongespräche

Telefon (n)	telefon	[telefon]
Mobiltelefon (n)	cep telefonu	[dʒep telefonu]
Anrufbeantworter (m)	telesekreter	[telesekreter]

| anrufen (vt) | telefonla aramak | [telefonla aramak] |
| Anruf (m) | arama, görüşme | [arama], [gøryʃme] |

eine Nummer wählen	numarayı aramak	[numarajı aramak]
Hallo!	Alo!	[alø]
fragen (vt)	sormak	[sormak]
antworten (vi)	cevap vermek	[dʒevap vermek]

hören (vt)	duymak	[dujmak]
gut (~ aussehen)	iyi	[iji]
schlecht (Adv)	kötü	[køty]
Störungen (pl)	parazit	[parazit]

Hörer (m)	telefon ahizesi	[telefon ahizesi]
den Hörer abnehmen	açmak telefonu	[atʃmak telefonu]
auflegen (den Hörer ~)	telefonu kapatmak	[telefonu kapatmak]

besetzt	meşgul	[meʃgul]
läuten (vi)	çalmak	[tʃalmak]
Telefonbuch (n)	telefon rehberi	[telefon rehberi]

Orts-	şehiriçi	[ʃehiritʃi]
Ortsgespräch (n)	şehiriçi görüşme	[ʃehiritʃi gøryʃme]
Auslands-	uluslararası	[uluslar arası]
Auslandsgespräch (n)	uluslararası görüşme	[uluslararası gøryʃme]
Fern-	şehirlerarası	[ʃehirlerarası]
Ferngespräch (n)	şehirlerarası görüşme	[ʃehirlerarası gøryʃme]

45. Mobiltelefon

Mobiltelefon (n)	cep telefonu	[dʒep telefonu]
Display (n)	ekran	[ekran]
Knopf (m)	düğme	[dyjme]
SIM-Karte (f)	SIM kartı	[sim kartı]

Batterie (f)	pil	[pil]
leer sein (Batterie)	bitmek	[bitmek]
Ladegerät (n)	şarj cihazı	[ʃarʒ dʒihazı]

Menü (n)	menü	[meny]
Einstellungen (pl)	ayarlar	[ajarlar]
Melodie (f)	melodi	[melodi]
auswählen (vt)	seçmek	[setʃmek]

Rechner (m)	hesaplamalar	[hesaplamanar]
Anrufbeantworter (m)	söz postası	[søz postası]
Wecker (m)	çalar saat	[tʃalar saat]
Kontakte (pl)	rehber	[rehber]
SMS-Nachricht (f)	SMS mesajı	[esemes mesaʒı]
Teilnehmer (m)	abone	[abone]

46. Bürobedarf

Kugelschreiber (m)	tükenmez kalem	[tykenmez kalem]
Federhalter (m)	dolma kalem	[dolma kálem]
Bleistift (m)	kurşun kalem	[kurʃun kalem]
Faserschreiber (m)	fosforlu kalem	[fosforlu kalem]
Filzstift (m)	keçeli kalem	[ketʃeli kalem]
Notizblock (m)	not defteri	[not defteri]
Terminkalender (m)	ajanda	[aʒanda]
Lineal (n)	cetvel	[dʒetvel]
Rechner (m)	hesap makinesi	[hesap makinesi]
Radiergummi (m)	silgi	[silgi]
Reißzwecke (f)	raptiye	[raptije]
Heftklammer (f)	ataş	[ataʃ]
Klebstoff (m)	yapıştırıcı	[japıʃtırıdʒı]
Hefter (m)	zımba	[zımba]
Locher (m)	delgeç	[delgetʃ]
Bleistiftspitzer (m)	kalemtıraş	[kalem tıraʃ]

47. Fremdsprachen

Sprache (f)	dil	[dil]
Fremd-	yabancı	[jabandʒı]
Fremdsprache (f)	yabancı dil	[jabandʒı dil]
studieren (z.b. Jura ~)	öğrenim görmek	[ø:renim gørmek]
lernen (Englisch ~)	öğrenmek	[ø:renmek]
lesen (vi, vt)	okumak	[okumak]
sprechen (vi, vt)	konuşmak	[konuʃmak]
verstehen (vt)	anlamak	[anlamak]
schreiben (vi, vt)	yazmak	[jazmak]
schnell (Adv)	çabuk	[tʃabuk]
langsam (Adv)	yavaş	[javaʃ]
fließend (Adv)	akıcı bir şekilde	[akıdʒı bir ʃekilde]
Regeln (pl)	kurallar	[kurallar]
Grammatik (f)	gramer	[gramer]
Vokabular (n)	kelime hazinesi	[kelime hazinesi]
Phonetik (f)	fonetik	[fonetik]
Lehrbuch (n)	ders kitabı	[ders kitabı]
Wörterbuch (n)	sözlük	[søzlyk]
Selbstlernbuch (n)	öz eğitim rehberi	[øz eitim rehberi]
Sprachführer (m)	konuşma kılavuzu	[konuʃma kılavuzu]

Kassette (f)	kaset	[kaset]
Videokassette (f)	videokaset	[videokaset]
CD (f)	CD	[sidi]
DVD (f)	DVD	[dividi]
Alphabet (n)	alfabe	[alfabe]
buchstabieren (vt)	hecelemek	[heʤelemek]
Aussprache (f)	telâffuz	[telaffyz]
Akzent (m)	aksan	[aksan]
mit Akzent	aksan ile	[aksan ile]
ohne Akzent	aksansız	[aksansız]
Wort (n)	kelime	[kelime]
Bedeutung (f)	mana	[mana]
Kurse (pl)	kurslar	[kurslar]
sich einschreiben	yazılmak	[jazılmak]
Lehrer (m)	öğretmen	[ø:retmen]
Übertragung (f)	çeviri	[ʧeviri]
Übersetzung (f)	tercüme	[terʤyme]
Übersetzer (m)	çevirmen	[ʧevirmen]
Dolmetscher (m)	tercüman	[terʤyman]
Polyglott (m, f)	birçok dil bilen	[birʧok dil bilen]
Gedächtnis (n)	hafıza	[hafıza]

T&P BOOKS

MAHLZEITEN. RESTAURANT

T&P Books Publishing

48. Gedeck

Löffel (m)	**kaşık**	[kaʃık]
Messer (n)	**bıçak**	[bıʧak]
Gabel (f)	**çatal**	[ʧatal]

Tasse (eine ~ Tee)	**fincan**	[finʤan]
Teller (m)	**tabak**	[tabak]
Untertasse (f)	**fincan tabağı**	[finʤan tabaı]
Serviette (f)	**peçete**	[peʧete]
Zahnstocher (m)	**kürdan**	[kyrdan]

49. Restaurant

Restaurant (n)	**restoran**	[restoran]
Kaffeehaus (n)	**kahvehane**	[kahvehane]
Bar (f)	**bar**	[bar]
Teesalon (m)	**çay salonu**	[ʧaj salonu]

Kellner (m)	**garson**	[garson]
Kellnerin (f)	**kadın garson**	[kadın garson]
Barmixer (m)	**barmen**	[barmen]
Speisekarte (f)	**menü**	[meny]
Weinkarte (f)	**şarap listesi**	[ʃarap listesi]
einen Tisch reservieren	**masa ayırtmak**	[masa ajırtmak]
Gericht (n)	**yemek**	[jemek]
bestellen (vt)	**sipariş etmek**	[sipariʃ etmek]
eine Bestellung aufgeben	**sipariş vermek**	[sipariʃ vermek]

Aperitif (m)	**aperatif**	[aperatif]
Vorspeise (f)	**çerez**	[ʧerez]
Nachtisch (m)	**tatlı**	[tatlı]

Rechnung (f)	**hesap**	[hesap]
Rechnung bezahlen	**hesabı ödemek**	[hesabı ødemek]
das Wechselgeld geben	**para üstü vermek**	[para justy vermek]
Trinkgeld (n)	**bahşiş**	[bahʃiʃ]

50. Mahlzeiten

Essen (n)	**yemek**	[jemek]
essen (vi, vt)	**yemek**	[jemek]

Frühstück (n)	kahvaltı	[kaɦʋaltɪ]
frühstücken (vi)	kahvaltı yapmak	[kahvaltı japmak]
Mittagessen (n)	öğle yemeği	[ø:le jemei]
zu Mittag essen	öğle yemeği yemek	[ø:le jemei jemek]
Abendessen (n)	akşam yemeği	[akʃam jemei]
zu Abend essen	akşam yemeği yemek	[akʃam jemei jemek]

| Appetit (m) | iştah | [iʃtah] |
| Guten Appetit! | Afiyet olsun! | [afijet olsun] |

öffnen (vt)	açmak	[atʃmak]
verschütten (vt)	dökmek	[døkmek]
verschüttet werden	dökülmek	[døkylmek]

kochen (vi)	kaynamak	[kajnamak]
kochen (Wasser ~)	kaynatmak	[kajnatmak]
gekocht (Adj)	kaynamış	[kajnamɪʃ]
kühlen (vt)	serinletmek	[serinletmek]
abkühlen (vi)	serinleşmek	[serinleʃmek]

| Geschmack (m) | tat | [tat] |
| Beigeschmack (m) | ağızda kalan tat | [aɪzda kalan tat] |

auf Diät sein	zayıflamak	[zajıflamak]
Diät (f)	rejim, diyet	[reʒim], [dijet]
Vitamin (n)	vitamin	[vitamin]
Kalorie (f)	kalori	[kalori]
Vegetarier (m)	vejetaryen kimse	[vedʒetarien kimse]
vegetarisch (Adj)	vejetaryen	[vedʒetarien]

Fett (n)	yağlar	[jaalar]
Protein (n)	proteinler	[proteinler]
Kohlenhydrat (n)	karbonhidratlar	[karbonhidratlar]
Scheibchen (n)	dilim	[dilim]
Stück (ein ~ Kuchen)	parça	[partʃa]
Krümel (m)	kırıntı	[kırıntı]

51. Gerichte

Gericht (n)	yemek	[jemek]
Küche (f)	mutfak	[mutfak]
Rezept (n)	yemek tarifi	[jemek tarifı]
Portion (f)	porsiyon	[porsijon]

| Salat (m) | salata | [salata] |
| Suppe (f) | çorba | [tʃorba] |

Brühe (f), Bouillon (f)	et suyu	[et suju]
belegtes Brot (n)	sandviç	[sandvitʃ]
Spiegelei (n)	sahanda yumurta	[sahanda jumurta]

| Hamburger (m) | hamburger | [hamburger] |
| Beefsteak (n) | biftek | [biftek] |

Beilage (f)	garnitür	[garnityr]
Spaghetti (pl)	spagetti	[spagetti]
Kartoffelpüree (n)	patates püresi	[patates pyresi]
Pizza (f)	pizza	[pizza]
Brei (m)	lâpa	[lapa]
Omelett (n)	omlet	[omlet]

gekocht	pişmiş	[piʃmiʃ]
geräuchert	tütsülenmiş, füme	[tytsylenmiʃ], [fyme]
gebraten	kızartılmış	[kızartılmıʃ]
getrocknet	kuru	[kuru]
tiefgekühlt	dondurulmuş	[dondurulmuʃ]
mariniert	turşu	[turʃu]

süß	tatlı	[tatlı]
salzig	tuzlu	[tuzlu]
kalt	soğuk	[souk]
heiß	sıcak	[sıdʒak]
bitter	acı	[adʒı]
lecker	tatlı, lezzetli	[tatlı], [lezzetli]

kochen (vt)	kaynatmak	[kajnatmak]
zubereiten (vt)	pişirmek	[piʃirmek]
braten (vt)	kızartmak	[kızartmak]
aufwärmen (vt)	ısıtmak	[ısıtmak]

salzen (vt)	tuzlamak	[tuzlamak]
pfeffern (vt)	biberlemek	[biberlemek]
reiben (vt)	rendelemek	[rendelemek]
Schale (f)	kabuk	[kabuk]
schälen (vt)	soymak	[sojmak]

52. Essen

Fleisch (n)	et	[et]
Hühnerfleisch (n)	tavuk eti	[tavuk eti]
Küken (n)	civciv	[dʒiv dʒiv]
Ente (f)	ördek	[ørdek]
Gans (f)	kaz	[kaz]
Wild (n)	av hayvanları	[av hajvanları]
Pute (f)	hindi	[hindi]

Schweinefleisch (n)	domuz eti	[domuz eti]
Kalbfleisch (n)	dana eti	[dana eti]
Hammelfleisch (n)	koyun eti	[kojun eti]
Rindfleisch (n)	sığır eti	[sıːır eti]
Kaninchenfleisch (n)	tavşan eti	[tavʃan eti]

Wurst (f)	cuouk, essie	[suuʒuk], [sosis]
Würstchen (n)	sosis	[sosis]
Schinkenspeck (m)	domuz pastırması	[domuz pastırması]
Schinken (m)	jambon	[ʒambon]
Räucherschinken (m)	tütsülenmiş jambon	[tytsylenmiʃ ʒambon]

Pastete (f)	ezme	[ezme]
Leber (f)	karaciğer	[karadʒier]
Hackfleisch (n)	kıyma	[kıjma]
Zunge (f)	dil	[dil]

Ei (n)	yumurta	[jumurta]
Eier (pl)	yumurtalar	[jumurtalar]
Eiweiß (n)	yumurta akı	[jumurta akı]
Eigelb (n)	yumurta sarısı	[jumurta sarısı]

Fisch (m)	balık	[balık]
Meeresfrüchte (pl)	deniz ürünleri	[deniz yrynleri]
Kaviar (m)	havyar	[havjar]

Krabbe (f)	yengeç	[jengetʃ]
Garnele (f)	karides	[karides]
Auster (f)	istiridye	[istiridje]
Languste (f)	langust	[langust]
Krake (m)	ahtapot	[ahtapot]
Kalmar (m)	kalamar	[kalamar]

Störfleisch (n)	mersin balığı	[mersin balı:ı]
Lachs (m)	som balığı	[som balı:ı]
Heilbutt (m)	pisi balığı	[pisi balı:ı]

Dorsch (m)	morina balığı	[morina balı:ı]
Makrele (f)	uskumru	[uskumru]
Tunfisch (m)	ton balığı	[ton balı:ı]
Aal (m)	yılan balığı	[jılan balı:ı]

Forelle (f)	alabalık	[alabalık]
Sardine (f)	sardalye	[sardalje]
Hecht (m)	turna balığı	[turna balı:ı]
Hering (m)	ringa	[ringa]

Brot (n)	ekmek	[ekmek]
Käse (m)	peynir	[pejnir]
Zucker (m)	şeker	[ʃeker]
Salz (n)	tuz	[tuz]

Reis (m)	pirinç	[pirintʃ]
Teigwaren (pl)	makarna	[makarna]
Nudeln (pl)	erişte	[eriʃte]

| Butter (f) | tereyağı | [terejaı] |
| Pflanzenöl (n) | bitkisel yağ | [bitkisel jaa] |

| Sonnenblumenöl (n) | ayçiçeği yağı | [ajtʃitʃeɪ jaɪ] |
| Margarine (f) | margarin | [margarin] |

| Oliven (pl) | zeytin | [zejtin] |
| Olivenöl (n) | zeytin yağı | [ʦɔjtlɪ jɑɪ] |

Milch (f)	süt	[syt]
Kondensmilch (f)	yoğunlaştırılmış süt	[jounlaʃtɪrɪlmɪʃ syt]
Joghurt (m)	yoğurt	[jourt]
saure Sahne (f)	ekşi krema	[ekʃi krema]
Sahne (f)	süt kaymağı	[syt kajmaɪ]

| Mayonnaise (f) | mayonez | [majonez] |
| Buttercreme (f) | krema | [krema] |

Grütze (f)	tane	[tane]
Mehl (n)	un	[un]
Konserven (pl)	konserve	[konserve]

Maisflocken (pl)	mısır gevreği	[mɪsɪr gevrei]
Honig (m)	bal	[bal]
Marmelade (f)	reçel, marmelat	[retʃel], [marmelat]
Kaugummi (m, n)	sakız, çiklet	[sakɪz], [tʃiklet]

53. Getränke

Wasser (n)	su	[su]
Trinkwasser (n)	içme suyu	[itʃme suju]
Mineralwasser (n)	maden suyu	[maden suju]

still	gazsız	[gazsɪz]
mit Kohlensäure	gazlı	[gazlɪ]
mit Gas	maden	[maden]
Eis (n)	buz	[buz]
mit Eis	buzlu	[buzlu]

alkoholfrei (Adj)	alkolsüz	[alkolsyz]
alkoholfreies Getränk (n)	alkolsüz içki	[alkolsyz itʃki]
Erfrischungsgetränk (n)	soğuk meşrubat	[souk meʃrubat]
Limonade (f)	limonata	[limonata]

Spirituosen (pl)	alkollü içkiler	[alkolly itʃkiler]
Wein (m)	şarap	[ʃarap]
Weißwein (m)	beyaz şarap	[bejaz ʃarap]
Rotwein (m)	kırmızı şarap	[kɪrmɪzɪ ʃarap]

Likör (m)	likör	[likør]
Champagner (m)	şampanya	[ʃampanja]
Wermut (m)	vermut	[vermut]
Whisky (m)	viski	[viski]

Wodka (m)	votka	[votka]
Gin (m)	cin	[dʒin]
Kognak (m)	konyak	[konjak]
Rum (m)	rom	[rom]

Kaffee (m)	kahve	[kahve]
schwarzer Kaffee (m)	siyah kahve	[sijah kahve]
Milchkaffee (m)	sütlü kahve	[sytly kahve]
Cappuccino (m)	kaymaklı kahve	[kajmaklı kahve]
Pulverkaffee (m)	hazır kahve	[hazır kahve]

Milch (f)	süt	[syt]
Cocktail (m)	kokteyl	[koktejl]
Milchcocktail (m)	sütlü kokteyl	[sytly koktejl]

Saft (m)	meyve suyu	[mejve suju]
Tomatensaft (m)	domates suyu	[domates suju]
Orangensaft (m)	portakal suyu	[portakal suju]
frisch gepresster Saft (m)	taze meyve suyu	[taze mejve suju]

Bier (n)	bira	[bira]
Helles (n)	hafif bira	[hafif bira]
Dunkelbier (n)	siyah bira	[sijah bira]

Tee (m)	çay	[tʃaj]
schwarzer Tee (m)	siyah çay	[sijah tʃaj]
grüner Tee (m)	yeşil çay	[jeʃil tʃaj]

54. Gemüse

| Gemüse (n) | sebze | [sebze] |
| grünes Gemüse (pl) | yeşillik | [jeʃilik] |

Tomate (f)	domates	[domates]
Gurke (f)	salatalık	[salatalık]
Karotte (f)	havuç	[havutʃ]
Kartoffel (f)	patates	[patates]
Zwiebel (f)	soğan	[soan]
Knoblauch (m)	sarımsak	[sarımsak]

Kohl (m)	lahana	[lahana]
Blumenkohl (m)	karnabahar	[karnabahar]
Rosenkohl (m)	Brüksel lâhanası	[bryksel lahanası]
Brokkoli (m)	brokoli	[brokoli]

Rote Bete (f)	pancar	[pandʒar]
Aubergine (f)	patlıcan	[patlıdʒan]
Zucchini (f)	sakız kabağı	[sakız kabaı]
Kürbis (m)	kabak	[kabak]
Rübe (f)	şalgam	[ʃalgam]

Petersilie (f)	maydanoz	[majdanoz]
Dill (m)	dereotu	[dereotu]
Kopf Salat (m)	yeşil salata	[jeʃil salata]
Sellerie (m)	kereviz	[kereviz]
Spargel (m)	kuşkonmaz	[kuʃkonmaz]
Spinat (m)	ıspanak	[ıspanak]
Erbse (f)	bezelye	[bezelje]
Bohnen (pl)	bakla	[bakla]
Mais (m)	mısır	[mısır]
weiße Bohne (f)	fasulye	[fasulje]
Paprika (m)	dolma biber	[dolma biber]
Radieschen (n)	turp	[turp]
Artischocke (f)	enginar	[enginar]

55. Obst. Nüsse

Frucht (f)	meyve	[mejve]
Apfel (m)	elma	[elma]
Birne (f)	armut	[armut]
Zitrone (f)	limon	[limon]
Apfelsine (f)	portakal	[portakal]
Erdbeere (f)	çilek	[tʃilek]
Mandarine (f)	mandalina	[mandalina]
Pflaume (f)	erik	[erik]
Pfirsich (m)	şeftali	[ʃeftali]
Aprikose (f)	kayısı	[kajısı]
Himbeere (f)	ahududu	[ahududu]
Ananas (f)	ananas	[ananas]
Banane (f)	muz	[muz]
Wassermelone (f)	karpuz	[karpuz]
Weintrauben (pl)	üzüm	[yzym]
Sauerkirsche (f)	vişne	[viʃne]
Süßkirsche (f)	kiraz	[kiraz]
Melone (f)	kavun	[kavun]
Grapefruit (f)	greypfrut	[grejpfrut]
Avocado (f)	avokado	[avokado]
Papaya (f)	papaya	[papaja]
Mango (f)	mango	[mango]
Granatapfel (m)	nar	[nar]
rote Johannisbeere (f)	kırmızı frenk üzümü	[kırmızı frenk yzymy]
schwarze Johannisbeere (f)	siyah frenk üzümü	[sijah frenk yzymy]
Stachelbeere (f)	bektaşı üzümü	[bektaʃı yzymy]
Heidelbeere (f)	yaban mersini	[jaban mersini]

Brombeere (f)	böğürtlen	[bøjurtlen]
Rosinen (pl)	kuru üzüm	[kuru yzym]
Feige (f)	incir	[indʒir]
Dattel (f)	hurma	[hurma]

Erdnuss (f)	yerfıstığı	[jerfıstı:ı]
Mandel (f)	badem	[badem]
Walnuss (f)	ceviz	[dʒeviz]
Haselnuss (f)	fındık	[fındık]
Kokosnuss (f)	Hindistan cevizi	[hindistan dʒevizi]
Pistazien (pl)	çam fıstığı	[ʧam fıstı:ı]

56. Brot. Süßigkeiten

Konditorwaren (pl)	şekerleme	[ʃekerleme]
Brot (n)	ekmek	[ekmek]
Keks (m, n)	bisküvi	[biskyvi]

Schokolade (f)	çikolata	[ʧikolata]
Schokoladen-	çikolatalı	[ʧikolatalı]
Bonbon (m, n)	şeker	[ʃeker]
Kuchen (m)	ufak kek	[ufak kek]
Torte (f)	kek, pasta	[kek], [pasta]

| Kuchen (Apfel-) | börek | [børek] |
| Füllung (f) | iç | [iʧ] |

Konfitüre (f)	reçel	[reʧel]
Marmelade (f)	marmelat	[marmelat]
Waffeln (pl)	gofret	[gofret]
Eis (n)	dondurma	[dondurma]

57. Gewürze

Salz (n)	tuz	[tuz]
salzig (Adj)	tuzlu	[tuzlu]
salzen (vt)	tuzlamak	[tuzlamak]

schwarzer Pfeffer (m)	siyah biber	[sijah biber]
roter Pfeffer (m)	kırmızı biber	[kırmızı biber]
Senf (m)	hardal	[hardal]
Meerrettich (m)	bayırturpu	[bajırturpu]

Gewürz (n)	çeşni	[ʧeʃni]
Gewürz (n)	baharat	[baharat]
Soße (f)	salça, sos	[salʧa], [sos]
Essig (m)	sirke	[sirke]
Anis (m)	anason	[anason]

Basilikum (n)	**fesleğen**	[fesleen]
Nelke (f)	**karanfil**	[karanfil]
Ingwer (m)	**zencefil**	[zendʒefil]
Koriander (m)	**kişniş**	[kiʃniʃ]
Zimt (m)	**tarçın**	[tarʧɯn]
Sesam (m)	**susam**	[susam]
Lorbeerblatt (n)	**defne yaprağı**	[defne japraɯ]
Paprika (m)	**kırmızı biber**	[kɯrmɯzɯ biber]
Kümmel (m)	**çörek otu**	[ʧørek otu]
Safran (m)	**safran**	[safran]

PERSÖNLICHE INFORMATIONEN. FAMILIE

T&P Books Publishing

58. Persönliche Informationen. Formulare

Vorname (m)	ad, isim	[ad], [isim]
Name (m)	soyadı	[sojadı]
Geburtsdatum (n)	doğum tarihi	[doum tarihi]
Geburtsort (m)	doğum yeri	[doum jeri]
Nationalität (f)	milliyet	[millijet]
Wohnort (m)	ikamet yeri	[ikamet jeri]
Land (n)	ülke	[ylke]
Beruf (m)	meslek	[meslek]
Geschlecht (n)	cinsiyet	[dʒinsijet]
Größe (f)	boy	[boj]
Gewicht (n)	ağırlık	[aırlık]

59. Familienmitglieder. Verwandte

Mutter (f)	anne	[anne]
Vater (m)	baba	[baba]
Sohn (m)	oğul	[øːul]
Tochter (f)	kız	[kız]
jüngste Tochter (f)	küçük kız	[kytʃuk kız]
jüngste Sohn (m)	küçük oğul	[kytʃuk oul]
ältere Tochter (f)	büyük kız	[byjuk kız]
älterer Sohn (m)	büyük oğul	[byjuk oul]
Bruder (m)	kardeş	[kardeʃ]
älterer Bruder (m)	ağabey, büyük kardeş	[aabej], [byjuk kardeʃ]
jüngerer Bruder (m)	küçük kardeş	[kytʃuk kardeʃ]
Schwester (f)	kardeş, bacı	[kardeʃ], [badʒı]
ältere Schwester (f)	abla, büyük bacı	[abla], [byjuk badʒı]
jüngere Schwester (f)	kız kardeş	[kız kardeʃ]
Cousin (m)	erkek kuzen	[erkek kuzen]
Cousine (f)	kız kuzen	[kız kuzen]
Mama (f)	anne	[anne]
Papa (m)	baba	[baba]
Eltern (pl)	ana baba	[ana baba]
Kind (n)	çocuk	[tʃodʒuk]
Kinder (pl)	çocuklar	[tʃodʒuklar]
Großmutter (f)	büyük anne	[byjuk anne]
Großvater (m)	büyük baba	[byjuk baba]

Enkel (m)	erkek torun	[erkek torun]
Enkelin (f)	kız torun	[kız torun]
Enkelkinder (pl)	torunlar	[torunlar]
Onkel (m)	amca, dayı	[amdʒa], [dajı]
Tante (f)	teyze, hala	[tejze], [hala]
Neffe (m)	erkek yeğen	[erkek jeen]
Nichte (f)	kız yeğen	[kız jeen]
Schwiegermutter (f)	kaynana	[kajnana]
Schwiegervater (m)	kaynata	[kajnata]
Schwiegersohn (m)	güvey	[gyvej]
Stiefmutter (f)	üvey anne	[yvej anne]
Stiefvater (m)	üvey baba	[yvej baba]
Säugling (m)	süt çocuğu	[syt ʧodʒuu]
Kleinkind (n)	bebek	[bebek]
Kleine (m)	erkek çocuk	[erkek ʧodʒuk]
Frau (f)	hanım, eş	[hanım], [eʃ]
Mann (m)	eş, koca	[eʃ], [kodʒa]
Ehemann (m)	koca	[kodʒa]
Gemahlin (f)	karı	[karı]
verheiratet (Ehemann)	evli	[evli]
verheiratet (Ehefrau)	evli	[evli]
ledig	bekâr	[bekjar]
Junggeselle (m)	bekâr	[bekjar]
geschieden (Adj)	boşanmış	[boʃanmıʃ]
Witwe (f)	dul kadın	[dul kadın]
Witwer (m)	dul erkek	[dul erkek]
Verwandte (m)	akraba	[akraba]
naher Verwandter (m)	yakın akraba	[jakın akraba]
entfernter Verwandter (m)	uzak akraba	[uzak akraba]
Verwandte (pl)	akrabalar	[akrabalar]
Waise (m, f)	yetim	[jetim]
Vormund (m)	vasi	[vasi]
adoptieren (einen Jungen)	evlatlık almak	[evlatlık almak]
adoptieren (ein Mädchen)	evlatlık almak	[evlatlık almak]

60. Freunde. Arbeitskollegen

Freund (m)	dost, arkadaş	[dost], [arkadaʃ]
Freundin (f)	kız arkadaş	[kız arkadaʃ]
Freundschaft (f)	dostluk	[dostluk]
befreundet sein	arkadaş olmak	[arkadaʃ olmak]
Freund (m)	arkadaş	[arkadaʃ]
Freundin (f)	kız arkadaş	[kız arkadaʃ]

Partner (m)	ortak	[ortak]
Chef (m)	şef	[ʃef]
Vorgesetzte (m)	amir	[amir]
Untergeordnete (m)	ast	[ast]
Kollege (m), Kollegin (f)	meslektaş	[meslektaʃ]

Bekannte (m)	tanıdık	[tanıdık]
Reisegefährte (m)	yol arkadaşı	[jol arkadaʃı]
Mitschüler (m)	sınıf arkadaşı	[sınıf arkadaʃı]

Nachbar (m)	komşu	[komʃu]
Nachbarin (f)	komşu	[komʃu]
Nachbarn (pl)	komşular	[komʃular]

MENSCHLICHER KÖRPER. MEDIZIN

T&P Books Publishing

Kopf (m)	baş	[baʃ]
Gesicht (n)	yüz	[juz]
Nase (f)	burun	[burun]
Mund (m)	ağız	[aɪz]

Auge (n)	göz	[gøz]
Augen (pl)	gözler	[gøzler]
Pupille (f)	göz bebeği	[gøz bebeɪ]
Augenbraue (f)	kaş	[kaʃ]
Wimper (f)	kirpik	[kirpik]
Augenlid (n)	göz kapağı	[gøz kapaɪ]

Zunge (f)	dil	[dil]
Zahn (m)	diş	[diʃ]
Lippen (pl)	dudaklar	[dudaklar]
Backenknochen (pl)	elmacık kemiği	[elmadʒɪk kemiːi]
Zahnfleisch (n)	dişeti	[diʃeti]
Gaumen (m)	damak	[damak]

Nasenlöcher (pl)	burun deliği	[burun deliːi]
Kinn (n)	çene	[tʃene]
Kiefer (m)	çene	[tʃene]
Wange (f)	yanak	[janak]

Stirn (f)	alın	[alɪn]
Schläfe (f)	şakak	[ʃakak]
Ohr (n)	kulak	[kulak]
Nacken (m)	ense	[ense]
Hals (m)	boyun	[bojun]
Kehle (f)	boğaz	[boaz]

Haare (pl)	saçlar	[satʃlar]
Frisur (f)	saç	[satʃ]
Haarschnitt (m)	saç biçimi	[satʃ bitʃimi]
Perücke (f)	peruk	[peryk]

Schnurrbart (m)	bıyık	[bɪjɪk]
Bart (m)	sakal	[sakal]
haben (einen Bart ~)	uzatmak, bırakmak	[uzatmak], [bɪrakmak]
Zopf (m)	saç örgüsü	[satʃ ørgysy]
Backenbart (m)	favori	[favori]

rothaarig	kızıl saçlı	[kɪzɪl satʃlɪ]
grau	kır	[kɪr]

| kal ıl | kel | [kel] |
| Glatze (f) | dazlak yer | [dazlak jer] |

| Pferdeschwanz (m) | kuyruk | [kujruk] |
| Pony (Ponyfrisur) | kakül | [kakyl] |

62. Menschlicher Körper

| Hand (f) | el | [el] |
| Arm (m) | kol | [kol] |

Finger (m)	parmak	[parmak]
Zehe (f)	ayak parmağı	[ajak parmaı]
Daumen (m)	başparmak	[baʃ parmak]
kleiner Finger (m)	küçük parmak	[kytʃuk parmak]
Nagel (m)	tırnak	[tırnak]

Faust (f)	yumruk	[jumruk]
Handfläche (f)	avuç	[avutʃ]
Handgelenk (n)	bilek	[bilek]
Unterarm (m)	önkol	[ønkol]
Ellbogen (m)	dirsek	[dirsek]
Schulter (f)	omuz	[omuz]

Bein (n)	bacak	[badʒak]
Fuß (m)	ayak	[ajak]
Knie (n)	diz	[diz]
Wade (f)	baldır	[baldır]

| Hüfte (f) | kalça | [kaltʃa] |
| Ferse (f) | topuk | [topuk] |

Körper (m)	vücut	[vydʒut]
Bauch (m)	karın	[karın]
Brust (f)	göğüs	[gøjus]
Busen (m)	göğüs	[gøjus]
Seite (f), Flanke (f)	yan	[jan]
Rücken (m)	sırt	[sırt]

| Kreuz (n) | alt bel | [alt bel] |
| Taille (f) | bel | [bel] |

Nabel (m)	göbek	[gøbek]
Gesäßbacken (pl)	kaba et	[kaba et]
Hinterteil (n)	kıç	[kıtʃ]

Leberfleck (m)	ben	[ben]
Muttermal (n)	doğum lekesi	[doum lekesi]
Tätowierung (f)	dövme	[døvme]
Narbe (f)	yara izi	[jara izi]

63. Krankheiten

Krankheit (f)	hastalık	[hastalık]
krank sein	hasta olmak	[hasta olmak]
Gesundheit (f)	sağlık	[saalık]

Schnupfen (m)	nezle	[nezle]
Angina (f)	anjin	[anʒin]
Erkältung (f)	soğuk algınlığı	[souk algınlı:ı]
sich erkälten	soğuk almak	[souk almak]

Bronchitis (f)	bronşit	[bronʃit]
Lungenentzündung (f)	zatürree	[zatyrree]
Grippe (f)	grip	[grip]

kurzsichtig	miyop	[mijop]
weitsichtig	hipermetrop	[hipermetrop]
Schielen (n)	şaşılık	[ʃaʃılık]
schielend (Adj)	şaşı	[ʃaʃı]
grauer Star (m)	katarakt	[katarakt]
Glaukom (n)	glokoma	[glokoma]

Schlaganfall (m)	felç	[feltʃ]
Infarkt (m)	enfarktüs	[enfarktys]
Herzinfarkt (m)	kalp krizi	[kalp krizi]
Lähmung (f)	felç	[feltʃ]
lähmen (vt)	felç olmak	[feltʃ olmak]

Allergie (f)	alerji	[alerʒi]
Asthma (n)	astım	[astım]
Diabetes (m)	diyabet	[diabet]

Zahnschmerz (m)	diş ağrısı	[diʃ aarısı]
Karies (f)	diş çürümesi	[diʃ tʃurymesi]

Durchfall (m)	ishal	[ishal]
Verstopfung (f)	kabız	[kabız]
Magenverstimmung (f)	mide bozukluğu	[mide bozukluu]
Vergiftung (f)	zehirlenme	[zehirlenme]
Vergiftung bekommen	zehirlenmek	[zehirlenmek]

Arthritis (f)	artrit, arterit	[artrit]
Rachitis (f)	raşitizm	[raʃitizm]
Rheumatismus (m)	romatizma	[romatizma]
Atherosklerose (f)	damar sertliği	[damar sertli:i]

Gastritis (f)	gastrit	[gastrit]
Blinddarmentzündung (f)	apandisit	[apandisit]
Cholezystitis (f)	kolesistit	[kolesistit]
Geschwür (n)	ülser	[ylser]
Masern (pl)	kızamık	[kızamık]

Rötein (pl)	kızamıkçık	[kızamıkçık]
Gelbsucht (f)	sarılık	[sarılık]
Hepatitis (f)	hepatit	[hepatit]

Schizophrenie (f)	şizofreni	[ʃizofreni]
Tollwut (f)	kuduz hastalığı	[kuduz hastalı:ı]
Neurose (f)	nevroz	[nevroz]
Gehirnerschütterung (f)	beyin kanaması	[bejin kanaması]

Krebs (m)	kanser	[kanser]
Sklerose (f)	skleroz	[skleroz]
multiple Sklerose (f)	multipl skleroz	[multipl skleroz]

Alkoholismus (m)	alkoliklik	[alkoliklik]
Alkoholiker (m)	alkolik	[alkolik]
Syphilis (f)	frengi	[frengi]
AIDS	AİDS	[eids]

Tumor (m)	tümör, ur	[tymør], [jur]
bösartig	kötü huylu	[køty hujlu]
gutartig	iyi huylu	[iji hujlu]

Fieber (n)	sıtma	[sıtma]
Malaria (f)	malarya	[malarja]
Gangrän (f, n)	kangren	[kangren]
Seekrankheit (f)	deniz tutması	[deniz tutması]
Epilepsie (f)	epilepsi	[epilepsi]

Epidemie (f)	salgın	[salgın]
Typhus (m)	tifüs	[tifys]
Tuberkulose (f)	verem	[verem]
Cholera (f)	kolera	[kolera]
Pest (f)	veba	[veba]

64. Symptome. Behandlungen. Teil 1

Symptom (n)	belirti	[belirti]
Temperatur (f)	ateş	[ateʃ]
Fieber (n)	yüksek ateş	[juksek ateʃ]
Puls (m)	nabız	[nabız]

Schwindel (m)	baş dönmesi	[baʃ dønmesi]
heiß (Stirne usw.)	ateşli	[ateʃli]
Schüttelfrost (m)	üşüme	[yʃyme]
blass (z.B. -es Gesicht)	solgun	[solgun]

Husten (m)	öksürük	[øksyryk]
husten (vi)	öksürmek	[øksyrmek]
niesen (vi)	hapşırmak	[hapʃırmak]
Ohnmacht (f)	baygınlık	[bajgınlık]

ohnmächtig werden	bayılmak	[bajılmak]
blauer Fleck (m)	çürük	[ʧuryk]
Beule (f)	şişlik	[ʃiʃlik]
sich stoßen	çarpmak	[ʧarpmak]
Prellung (f)	yara	[jara]
sich stoßen	yaralamak	[jaralamak]

hinken (vi)	topallamak	[topallamak]
Verrenkung (f)	çıkık	[ʧıkık]
ausrenken (vt)	çıkmak	[ʧıkmak]
Fraktur (f)	kırık, fraktür	[kırık], [fraktyr]
brechen (Arm usw.)	kırılmak	[kırılmak]

Schnittwunde (f)	kesik	[kesik]
sich schneiden	bir yerini kesmek	[bir jerini kesmek]
Blutung (f)	kanama	[kanama]

| Verbrennung (f) | yanık | [janık] |
| sich verbrennen | yanmak | [janmak] |

stechen (vt)	batırmak	[batırmak]
sich stechen	batırmak	[batırmak]
verletzen (vt)	yaralamak	[jaralamak]
Verletzung (f)	yara, zarar	[jara], [zarar]
Wunde (f)	yara	[jara]
Trauma (n)	sarsıntı	[sarsıntı]

irrereden (vi)	sayıklamak	[sajıklamak]
stottern (vi)	kekelemek	[kekelemek]
Sonnenstich (m)	güneş çarpması	[gyneʃ ʧarpması]

65. Symptome. Behandlungen. Teil 2

| Schmerz (m) | acı | [aʤı] |
| Splitter (m) | kıymık | [kıjmık] |

Schweiß (m)	ter	[ter]
schwitzen (vi)	terlemek	[terlemek]
Erbrechen (n)	kusma	[kusma]
Krämpfe (pl)	kramp	[kramp]

schwanger	hamile	[hamile]
geboren sein	doğmak	[doomak]
Geburt (f)	doğum	[doum]
gebären (vt)	doğurmak	[dourmak]
Abtreibung (f)	çocuk düşürme	[ʧoʤuk dyʃyrme]

Atem (m)	respirasyon	[respirasjon]
Atemzug (m)	soluk alma	[soluk alma]
Ausatmung (f)	soluk verme	[soluk verme]

| ausatmen (vt) | soluk vermek | [soluk vermek] |
| einatmen (vt) | bir soluk almak | [bir soluk almak] |

Invalide (m)	malul	[malyl]
Krüppel (m)	sakat	[sakat]
Drogenabhängiger (m)	uyuşturucu bağımlısı	[ujuʃturudʒu baımlısı]

taub	sağır	[saır]
stumm	dilsiz	[dilsiz]
taubstumm	sağır ve dilsiz	[saır ve dilsiz]

verrückt (Adj)	deli	[deli]
Irre (m)	deli adam	[deli adam]
Irre (f)	deli kadın	[deli kadın]
den Verstand verlieren	çıldırmak	[tʃıldırmak]

Gen (n)	gen	[gen]
Immunität (f)	bağışıklık	[baıʃıklık]
erblich	irsi, kalıtsal	[irsi], [kalıtsal]
angeboren	doğuştan	[douʃtan]

Virus (m, n)	virüs	[virys]
Mikrobe (f)	mikrop	[mikrop]
Bakterie (f)	bakteri	[bakteri]
Infektion (f)	enfeksiyon	[enfeksijon]

66. Symptome. Behandlungen. Teil 3

| Krankenhaus (n) | hastane | [hastane] |
| Patient (m) | hasta | [hasta] |

Diagnose (f)	teşhis	[teʃhis]
Heilung (f)	çare	[tʃare]
Behandlung (f)	tedavi	[tedavi]
Behandlung bekommen	tedavi görmek	[tedavi gørmek]
behandeln (vt)	tedavi etmek	[tedavi etmek]
pflegen (Kranke)	hastaya bakmak	[hastaja bakmak]
Pflege (f)	hasta bakımı	[hasta bakımı]

Operation (f)	ameliyat	[amelijat]
verbinden (vt)	pansuman yapmak	[pansuman japmak]
Verband (m)	pansuman	[pansuman]

Impfung (f)	aşılama	[aʃılama]
impfen (vt)	aşı yapmak	[aʃı japmak]
Spritze (f)	iğne	[i:ine]
eine Spritze geben	iğne yapmak	[i:ine japmak]

| Anfall (m) | atak | [atak] |
| Amputation (f) | ampütasyon | [ampytasjon] |

amputieren (vt)	**ameliyatla almak**	[amelijatla almak]
Koma (n)	**koma**	[koma]
im Koma liegen	**komada olmak**	[komada olmak]
Reanimation (f)	**yoğun bakım**	[joun bakım]

genesen von … (vi)	**iyileşmek**	[ijileʃmek]
Zustand (m)	**durum**	[durum]
Bewusstsein (n)	**bilinç**	[bilintʃ]
Gedächtnis (n)	**hafıza**	[hafıza]

ziehen (einen Zahn ~)	**çekmek**	[tʃekmek]
Plombe (f)	**dolgu**	[dolgu]
plombieren (vt)	**dolgu yapmak**	[dolgu japmak]

Hypnose (f)	**hipnoz**	[hipnoz]
hypnotisieren (vt)	**hipnotize etmek**	[hipnotize etmek]

67. Medizin. Medikamente. Accessoires

Arznei (f)	**ilaç**	[ilatʃ]
Heilmittel (n)	**deva**	[deva]
verschreiben (vt)	**yazmak**	[jazmak]
Rezept (n)	**reçete**	[retʃete]

Tablette (f)	**hap**	[hap]
Salbe (f)	**merhem**	[merhem]
Ampulle (f)	**ampul**	[ampul]
Mixtur (f)	**solüsyon**	[solysjon]
Sirup (m)	**şurup**	[ʃurup]
Pille (f)	**kapsül**	[kapsyl]
Pulver (n)	**toz**	[toz]

Verband (m)	**bandaj**	[bandaʒ]
Watte (f)	**pamuk**	[pamuk]
Jod (n)	**iyot**	[ijot]

Pflaster (n)	**yara bandı**	[jara bandı]
Pipette (f)	**damlalık**	[damlalık]

Thermometer (n)	**derece**	[deredʒe]
Spritze (f)	**şırınga**	[ʃiringa]

Rollstuhl (m)	**tekerlekli sandalye**	[tekerlekli sandalje]
Krücken (pl)	**koltuk değneği**	[koltuk deenei]

Betäubungsmittel (n)	**anestetik**	[anestetik]
Abführmittel (n)	**müshil**	[myshil]
Spiritus (m)	**ispirto**	[ispirto]
Heilkraut (n)	**şifalı bitkiler**	[ʃifalı bitkiler]
Kräuter- (z.B. Kräutertee)	**bitkisel**	[bitkisel]

WOHNUNG

T&P Books Publishing

68. Wohnung

Wohnung (f)	daire	[daire]
Zimmer (n)	oda	[oda]
Schlafzimmer (n)	yatak odası	[jatak odası]
Esszimmer (n)	yemek odası	[jemek odası]
Wohnzimmer (n)	misafir odası	[misafir odası]
Arbeitszimmer (n)	çalışma odası	[tʃalıʃma odası]
Vorzimmer (n)	antre	[antre]
Badezimmer (n)	banyo odası	[banjo odası]
Toilette (f)	tuvalet	[tuvalet]
Decke (f)	tavan	[tavan]
Fußboden (m)	taban, yer	[taban], [jer]
Ecke (f)	köşesi	[køʃesi]

69. Möbel. Innenausstattung

Möbel (n)	mobilya	[mobilja]
Tisch (m)	masa	[masa]
Stuhl (m)	sandalye	[sandalje]
Bett (n)	yatak	[jatak]
Sofa (n)	kanape	[kanape]
Sessel (m)	koltuk	[koltuk]
Bücherschrank (m)	kitaplık	[kitaplık]
Regal (n)	kitap rafı	[kitap rafı]
Schrank (m)	elbise dolabı	[elbise dolabı]
Hakenleiste (f)	duvar askısı	[duvar askısı]
Kleiderständer (m)	portmanto	[portmanto]
Kommode (f)	komot	[komot]
Couchtisch (m)	sehpa	[sehpa]
Spiegel (m)	ayna	[ajna]
Teppich (m)	halı	[halı]
Matte (kleiner Teppich)	kilim	[kilim]
Kamin (m)	şömine	[ʃømine]
Kerze (f)	mum	[mum]
Kerzenleuchter (m)	mumluk	[mumluk]
Vorhänge (pl)	perdeler	[perdler]

| Lampe (f) | duvar kağıdı | ⌊duvar kaıdı⌋ |
| Jalousie (f) | jaluzi | [ʒalyzi] |

Tischlampe (f)	masa lambası	[masa lambası]
Leuchte (f)	lamba	[lamba]
Stehlampe (f)	ayaklı lamba	[ajaklı lamba]
Kronleuchter (m)	avize	[avize]

Bein (Tischbein usw.)	ayak	[ajak]
Armlehne (f)	kol	[kol]
Lehne (f)	arkalık	[arkalık]
Schublade (f)	çekmece	[tʃekmedʒe]

70. Bettwäsche

Bettwäsche (f)	çamaşır	[tʃamaʃır]
Kissen (n)	yastık	[jastık]
Kissenbezug (m)	yastık kılıfı	[jastık kılıfı]
Bettdecke (f)	battaniye	[battanije]
Laken (n)	çarşaf	[tʃarʃaf]
Tagesdecke (f)	örtü	[ørty]

71. Küche

Küche (f)	mutfak	[mutfak]
Gas (n)	gaz	[gaz]
Gasherd (m)	gaz sobası	[gaz sobası]
Elektroherd (m)	elektrik ocağı	[elektrik odʒaı]
Backofen (m)	fırın	[fırın]
Mikrowellenherd (m)	mikrodalga fırın	[mikrodalga fırın]

Kühlschrank (m)	buzdolabı	[buzdolabı]
Tiefkühltruhe (f)	derin dondurucu	[derin dondurudʒu]
Geschirrspülmaschine (f)	bulaşık makinesi	[bulaʃık makinesi]

Fleischwolf (m)	kıyma makinesi	[kıjma makinesi]
Saftpresse (f)	meyve sıkacağı	[mejve sıkadʒaı]
Toaster (m)	tost makinesi	[tost makinesi]
Mixer (m)	mikser	[mikser]

Kaffeemaschine (f)	kahve makinesi	[kahve makinesi]
Kaffeekanne (f)	cezve	[dʒezve]
Kaffeemühle (f)	kahve değirmeni	[kahve deirmeni]

Wasserkessel (m)	çaydanlık	[tʃajdanlık]
Teekanne (f)	demlik	[demlik]
Deckel (m)	kapak	[kapak]
Teesieb (n)	süzgeci	[syzgedʒi]

Löffel (m)	kaşık	[kaʃik]
Teelöffel (m)	çay kaşığı	[ʧaj kaʃɪ:ɪ]
Esslöffel (m)	yemek kaşığı	[jemek kaʃɪ:ɪ]
Gabel (f)	çatal	[ʧatal]
Messer (n)	bıçak	[bɪʧak]

Geschirr (n)	mutfak gereçleri	[mutfak gereʧleri]
Teller (m)	tabak	[tabak]
Untertasse (f)	fincan tabağı	[findʒan tabaɪ]

Schnapsglas (n)	kadeh	[kade]
Glas (n)	bardak	[bardak]
Tasse (f)	fincan	[findʒan]

Zuckerdose (f)	şekerlik	[ʃekerlik]
Salzstreuer (m)	tuzluk	[tuzluk]
Pfefferstreuer (m)	biberlik	[biberlik]
Butterdose (f)	tereyağı tabağı	[terejaɪ tabaɪ]

Kochtopf (m)	tencere	[tendʒere]
Pfanne (f)	tava	[tava]
Schöpflöffel (m)	kepçe	[kepʧe]
Durchschlag (m)	süzgeç	[syzgeʧ]
Tablett (n)	tepsi	[tepsi]

Flasche (f)	şişe	[ʃiʃe]
Glas (Einmachglas)	kavanoz	[kavanoz]
Dose (f)	teneke	[teneke]

Flaschenöffner (m)	şişe açacağı	[ʃiʃe aʧadʒaɪ]
Dosenöffner (m)	konserve açacağı	[konserve aʧadʒaɪ]
Korkenzieher (m)	tirbuşon	[tirbyʃon]
Filter (n)	filtre	[filtre]
filtern (vt)	filtre etmek	[filtre etmek]

| Müll (m) | çöp | [ʧøp] |
| Mülleimer, Treteimer (m) | çöp kovası | [ʧøp kovası] |

72. Bad

Badezimmer (n)	banyo odası	[banjo odası]
Wasser (n)	su	[su]
Wasserhahn (m)	musluk	[musluk]
Warmwasser (n)	sıcak su	[sɪdʒak su]
Kaltwasser (n)	soğuk su	[souk su]

Zahnpasta (f)	diş macunu	[diʃ madʒunu]
Zähne putzen	dişlerini fırçalamak	[diʃlerini fɪrʧalamak]
Zahnbürste (f)	diş fırçası	[diʃ fɪrʧası]
sich rasieren	tıraş olmak	[tɪraʃ olmak]

| Rasierschaum (m) | tıraş köpüğü | [tɨraʃ køpyy] |
| Rasierer (m) | jilet | [ʒilet] |

waschen (vt)	yıkamak	[jɨkamak]
sich waschen	yıkanmak	[jɨkanmak]
Dusche (f)	duş	[duʃ]
sich duschen	duş almak	[duʃ almak]

Badewanne (f)	banyo	[banjo]
Klosettbecken (n)	klozet	[klozet]
Waschbecken (n)	küvet	[kyvet]

| Seife (f) | sabun | [sabun] |
| Seifenschale (f) | sabunluk | [sabunluk] |

Schwamm (m)	sünger	[synger]
Shampoo (n)	şampuan	[ʃampuan]
Handtuch (n)	havlu	[havlu]
Bademantel (m)	bornoz	[bornoz]

Wäsche (f)	çamaşır yıkama	[tʃamaʃɨr jɨkama]
Waschmaschine (f)	çamaşır makinesi	[tʃamaʃɨr makinesi]
waschen (vt)	çamaşırları yıkamak	[tʃamaʃɨrlarɨ jɨkamak]
Waschpulver (n)	çamaşır deterjanı	[tʃamaʃɨr deterʒanɨ]

73. Haushaltsgeräte

Fernseher (m)	televizyon	[televizjon]
Tonbandgerät (n)	teyp	[tejp]
Videorekorder (m)	video	[video]
Empfänger (m)	radyo	[radjo]
Player (m)	çalar	[tʃalar]

Videoprojektor (m)	projeksiyon makinesi	[proʒeksion makinesi]
Heimkino (n)	ev sinema	[evj sinema]
DVD-Player (m)	DVD oynatıcı	[dividi ojnatɨdʒɨ]
Verstärker (m)	amplifikatör	[amplifikatør]
Spielkonsole (f)	oyun konsolu	[ojun konsolu]

Videokamera (f)	video kamera	[videokamera]
Kamera (f)	fotoğraf makinesi	[fotoraf makinesi]
Digitalkamera (f)	dijital fotoğraf makinesi	[diʒital fotoraf makinesi]

Staubsauger (m)	elektrik süpürgesi	[elektrik sypyrgesi]
Bügeleisen (n)	ütü	[yty]
Bügelbrett (n)	ütü masası	[yty masasɨ]

Telefon (n)	telefon	[telefon]
Mobiltelefon (n)	cep telefonu	[dʒep telefonu]
Schreibmaschine (f)	daktilo	[daktilo]

Nähmaschine (f)	**dikiş makinesi**	[dikiʃ makinesi]
Mikrophon (n)	**mikrofon**	[mikrofon]
Kopfhörer (m)	**kulaklık**	[kulaklık]
Fernbedienung (f)	**uzaktan kumanda**	[uzaktan kumanda]
CD (f)	**CD**	[sidi]
Kassette (f)	**teyp kaseti**	[tejp kaseti]
Schallplatte (f)	**vinil plak**	[vinil plak]

DIE ERDE. WETTER

T&P Books Publishing

74. Weltall

Kosmos (m)	uzay, evren	[uzaj], [evren]
kosmisch, Raum-	uzay	[uzaj]
Weltraum (m)	feza	[feza]
All (n)	kainat	[kajnat]
Universum (n)	evren	[evren]
Galaxie (f)	galaksi	[galaksi]
Stern (m)	yıldız	[jıldız]
Gestirn (n)	takımyıldız	[takımjıldız]
Planet (m)	gezegen	[gezegen]
Satellit (m)	uydu	[ujdu]
Meteorit (m)	göktaşı	[gøktaʃı]
Komet (m)	kuyruklu yıldız	[kujruklu jıldız]
Asteroid (m)	asteroit	[asteroit]
Umlaufbahn (f)	yörünge	[jørynge]
sich drehen	dönmek	[dønmek]
Atmosphäre (f)	atmosfer	[atmosfer]
Sonne (f)	Güneş	[gyneʃ]
Sonnensystem (n)	Güneş sistemi	[gyneʃ sistemi]
Sonnenfinsternis (f)	Güneş tutulması	[gyneʃ tutulması]
Erde (f)	Dünya	[dynja]
Mond (m)	Ay	[aj]
Mars (m)	Mars	[mars]
Venus (f)	Venüs	[venys]
Jupiter (m)	Jüpiter	[ʒupiter]
Saturn (m)	Satürn	[satyrn]
Merkur (m)	Merkür	[merkyr]
Uran (m)	Uranüs	[uranys]
Neptun (m)	Neptün	[neptyn]
Pluto (m)	Plüton	[plyton]
Milchstraße (f)	Samanyolu	[samanjolu]
Der Große Bär	Büyükayı	[byjuk ajı]
Polarstern (m)	Kutup yıldızı	[kutup jıldızı]
Marsbewohner (m)	Merihli	[merihli]
Außerirdischer (m)	uzaylı	[uzajlı]

außerirdisches Wesen (n)	uzaylı	⌊uzajlı⌋
fliegende Untertasse (f)	uçan daire	[utʃan daire]
Raumschiff (n)	uzay gemisi	[uzaj gemisi]
Raumstation (f)	yörünge istasyonu	[jørynge istasjonu]
Raketenstart (m)	uzaya fırlatma	[uzaja fırlatma]
Triebwerk (n)	motor	[motor]
Düse (f)	roket meme	[roket meme]
Treibstoff (m)	yakıt	[jakıt]
Kabine (f)	kabin	[kabin]
Antenne (f)	anten	[anten]
Bullauge (n)	lombar	[lombar]
Sonnenbatterie (f)	güneş pili	[gyneʃ pili]
Raumanzug (m)	uzay elbisesi	[uzaj elbisesi]
Schwerelosigkeit (f)	ağırlıksızlık	[aırlıksızlık]
Sauerstoff (m)	oksijen	[oksiʒen]
Ankopplung (f)	uzayda kenetlenme	[uzajda kenetlenme]
koppeln (vi)	kenetlenmek	[kenetlenmek]
Observatorium (n)	gözlemevi	[gøzlemevi]
Teleskop (n)	teleskop	[teleskop]
beobachten (vt)	gözlemlemek	[gøzlemlemek]
erforschen (vt)	araştırmak	[araʃtırmak]

75. Die Erde

Erde (f)	Dünya	[dynja]
Erdkugel (f)	yerküre	[jerkyre]
Planet (m)	gezegen	[gezegen]
Atmosphäre (f)	atmosfer	[atmosfer]
Geographie (f)	coğrafya	[dʒoorafja]
Natur (f)	doğa	[doa]
Globus (m)	yerküre	[jerkyre]
Landkarte (f)	harita	[harita]
Atlas (m)	atlas	[atlas]
Europa (n)	Avrupa	[avrupa]
Asien (n)	Asya	[asja]
Afrika (n)	Afrika	[afrika]
Australien (n)	Avustralya	[avustralja]
Amerika (n)	Amerika	[amerika]
Nordamerika (n)	Kuzey Amerika	[kuzej amerika]
Südamerika (n)	Güney Amerika	[gynej amerika]

| Antarktis (f) | **Antarktik** | [antarktik] |
| Arktis (f) | **Arktik** | [arktik] |

76. Himmelsrichtungen

Norden (m)	**kuzey**	[kuzej]
nach Norden	**kuzeye**	[kuzeje]
im Norden	**kuzeyde**	[kuzejde]
nördlich	**kuzey**	[kuzej]

Süden (m)	**güney**	[gynej]
nach Süden	**güneye**	[gyneje]
im Süden	**güneyde**	[gynejde]
südlich	**güney**	[gynej]

Westen (m)	**batı**	[batı]
nach Westen	**batıya**	[batıja]
im Westen	**batıda**	[batıda]
westlich, West-	**batı**	[batı]

Osten (m)	**doğu**	[dou]
nach Osten	**doğuya**	[douja]
im Osten	**doğuda**	[douda]
östlich	**doğu**	[dou]

77. Meer. Ozean

Meer (n), See (f)	**deniz**	[deniz]
Ozean (m)	**okyanus**	[okjanus]
Golf (m)	**körfez**	[körfez]
Meerenge (f)	**boğaz**	[boaz]

Kontinent (m)	**kıta**	[kıta]
Insel (f)	**ada**	[ada]
Halbinsel (f)	**yarımada**	[jarımada]
Archipel (m)	**takımada**	[takımada]

Bucht (f)	**koy**	[koj]
Hafen (m)	**liman**	[liman]
Lagune (f)	**deniz kulağı**	[deniz kulaı]
Kap (n)	**burun**	[burun]

Atoll (n)	**atol**	[atol]
Riff (n)	**resif**	[resif]
Koralle (f)	**mercan**	[merdʒan]
Korallenriff (n)	**mercan kayalığı**	[merdʒan kajalı:ı]
tief (Adj)	**derin**	[derin]
Tiefe (f)	**derinlik**	[derinlik]

| Abgrund (m) | uçurum | [uʧuɾum] |
| Graben (m) | çukur | [ʧukur] |

| Strom (m) | akıntı | [akıntı] |
| umspülen (vt) | çevrelemek | [ʧevrelemek] |

| Ufer (n) | kıyı | [kıjı] |
| Küste (f) | kıyı, sahil | [kıjı], [sahil] |

Flut (f)	kabarma	[kabarma]
Ebbe (f)	cezir	[dʒezir]
Sandbank (f)	sığlık	[sı:ılık]
Boden (m)	dip	[dip]

Welle (f)	dalga	[dalga]
Wellenkamm (m)	dağ sırtı	[daa sırtı]
Schaum (m)	köpük	[køpyk]

Sturm (m)	fırtına	[fırtına]
Orkan (m)	kasırga	[kasırga]
Tsunami (m)	tsunami	[tsunami]
Windstille (f)	limanlık	[limanlık]
ruhig	sakin	[sakin]

| Pol (m) | kutup | [kutup] |
| Polar- | kutuplu | [kutuplu] |

Breite (f)	enlem	[enlem]
Länge (f)	boylam	[bojlam]
Breitenkreis (m)	paralel	[paralel]
Äquator (m)	ekvator	[ekvator]

Himmel (m)	gök	[gøk]
Horizont (m)	ufuk	[ufuk]
Luft (f)	hava	[hava]

Leuchtturm (m)	deniz feneri	[deniz feneri]
tauchen (vi)	dalmak	[dalmak]
versinken (vi)	batmak	[batmak]
Schätze (pl)	hazine	[hazine]

78. Namen der Meere und Ozeane

Atlantischer Ozean (m)	Atlas Okyanusu	[atlas okjanusu]
Indischer Ozean (m)	Hint Okyanusu	[hint okjanusu]
Pazifischer Ozean (m)	Pasifik Okyanusu	[pasifik okjanusu]
Arktischer Ozean (m)	Kuzey Buz Denizi	[kuzej buz denizi]

| Schwarzes Meer (n) | Karadeniz | [karadeniz] |
| Rotes Meer (n) | Kızıldeniz | [kızıldeniz] |

| Gelbes Meer (n) | Sarı Deniz | [sarı deniz] |
| Weißes Meer (n) | Beyaz Deniz | [bejaz deniz] |

Kaspisches Meer (n)	Hazar Denizi	[hazar denizi]
Totes Meer (n)	Ölüdeniz	[ølydeniz]
Mittelmeer (n)	Akdeniz	[akdeniz]

| Ägäisches Meer (n) | Ege Denizi | [ege denizi] |
| Adriatisches Meer (n) | Adriyatik Denizi | [adrijatik denizi] |

Arabisches Meer (n)	Umman Denizi	[umman denizi]
Japanisches Meer (n)	Japon Denizi	[ʒapon denizi]
Beringmeer (n)	Bering Denizi	[bering denizi]
Südchinesisches Meer (n)	Güney Çin Denizi	[gynej tʃin denizi]

Korallenmeer (n)	Mercan Denizi	[merdʒan denizi]
Tasmansee (f)	Tasman Denizi	[tasman denizi]
Karibisches Meer (n)	Karayip Denizi	[karajip denizi]

| Barentssee (f) | Barents Denizi | [barents denizi] |
| Karasee (f) | Kara Denizi | [kara denizi] |

Nordsee (f)	Kuzey Denizi	[kuzej denizi]
Ostsee (f)	Baltık Denizi	[baltık denizi]
Nordmeer (n)	Norveç Denizi	[norvetʃ denizi]

79. Berge

Berg (m)	dağ	[daa]
Gebirgskette (f)	dağ silsilesi	[daa silsilesi]
Bergrücken (m)	sıradağlar	[sıradaalar]

Gipfel (m)	zirve	[zirve]
Spitze (f)	doruk, zirve	[doruk], [zirve]
Bergfuß (m)	etek	[etek]
Abhang (m)	yamaç	[jamatʃ]

Vulkan (m)	yanardağ	[janardaa]
tätiger Vulkan (m)	faal yanardağ	[faal janardaa]
schlafender Vulkan (m)	sönmüş yanardağ	[sønmyʃ janardaa]

Ausbruch (m)	püskürme	[pyskyrme]
Krater (m)	yanardağ ağzı	[janardaa aazı]
Magma (n)	magma	[magma]
Lava (f)	lav	[lav]
glühend heiß (-e Lava)	kızgın	[kızgın]

Cañon (m)	kanyon	[kanjon]
Schlucht (f)	boğaz	[boaz]
Spalte (f)	dere	[dere]

Abgrund (m) (steiler ~)	uçurum	[uʧurum]
Gebirgspass (m)	dağ geçidi	[daa getʃidi]
Plateau (n)	yayla	[jajla]
Fels (m)	kaya	[kaja]
Hügel (m)	tepe	[tepe]

Gletscher (m)	buzluk	[buzluk]
Wasserfall (m)	şelâle	[ʃelale]
Geiser (m)	gayzer	[gajzer]
See (m)	göl	[gøl]

Ebene (f)	ova	[ova]
Landschaft (f)	manzara	[manzara]
Echo (n)	yankı	[jankı]

Bergsteiger (m)	dağcı, alpinist	[daadʒı], [alpinist]
Kletterer (m)	dağcı	[daadʒı]
bezwingen (vt)	fethetmek	[fethetmek]
Aufstieg (m)	tırmanma	[tırmanma]

80. Namen der Berge

Alpen (pl)	Alp Dağları	[alp daaları]
Montblanc (m)	Mont Blanc	[mont blan]
Pyrenäen (pl)	Pireneler	[pireneler]

Karpaten (pl)	Karpatlar	[karpatlar]
Uralgebirge (n)	Ural Dağları	[ural daaları]
Kaukasus (m)	Kafkasya	[kafkasja]
Elbrus (m)	Elbruz Dağı	[elbrus daaı]

Altai (m)	Altay	[altaj]
Tian Shan (m)	Tien-şan	[tjen ʃan]
Pamir (m)	Pamir	[pamir]
Himalaja (m)	Himalaya Dağları	[himalaja daaları]
Everest (m)	Everest Dağı	[everest daaı]

| Anden (pl) | And Dağları | [and daaları] |
| Kilimandscharo (m) | Kilimanjaro | [kilimandʒaro] |

81. Flüsse

Fluss (m)	nehir, ırmak	[nehir], [ırmak]
Quelle (f)	kaynak	[kajnak]
Flussbett (n)	nehir yatağı	[nehir jataı]
Stromgebiet (n)	havza	[havza]
einmünden in ...	... dökülmek	[døkylmek]
Nebenfluss (m)	kol	[kol]

Ufer (n)	sahil	[sahil]
Strom (m)	akıntı	[akıntı]
stromabwärts	nehir boyunca	[nehir bojundʒa]
stromaufwärts	nehirden yukarı	[nehirden jukарı]

Überschwemmung (f)	taşkın	[taʃkın]
Hochwasser (n)	nehrin taşması	[nehrin taʃması]
aus den Ufern treten	taşmak	[taʃmak]
überfluten (vt)	su basmak	[su basmak]

| Sandbank (f) | sığlık | [sıːɪlık] |
| Stromschnelle (f) | nehrin akıntılı yeri | [nehrin akıntılı jeri] |

Damm (m)	baraj	[baraʒ]
Kanal (m)	kanal	[kanal]
Stausee (m)	baraj gölü	[baraʒ gøly]
Schleuse (f)	alavere havuzu	[alavere havuzu]

Gewässer (n)	su birikintisi	[su birikintisi]
Sumpf (m), Moor (n)	bataklık	[bataklık]
Marsch (f)	bataklık arazi	[bataklık arazi]
Strudel (m)	girdap	[girdap]

Bach (m)	dere	[dere]
Trink- (z.B. Trinkwasser)	içilir	[itʃilir]
Süß- (Wasser)	tatlı	[tatlı]

| Eis (n) | buz | [buz] |
| zufrieren (vi) | buz tutmak | [buz tutmak] |

82. Namen der Flüsse

| Seine (f) | **Sen nehri** | [sen nehri] |
| Loire (f) | **Loire nehri** | [luara nehri] |

Themse (f)	**Thames nehri**	[temz nehri]
Rhein (m)	**Ren nehri**	[ren nehri]
Donau (f)	**Tuna nehri**	[tuna nehri]

Wolga (f)	**Volga nehri**	[volga nehri]
Don (m)	**Don nehri**	[don nehri]
Lena (f)	**Lena nehri**	[lena nehri]

Gelber Fluss (m)	**Sarı Irmak**	[sarı ırmak]
Jangtse (m)	**Yangçe nehri**	[jangtʃe nehri]
Mekong (m)	**Mekong nehri**	[mekong nehri]
Ganges (m)	**Ganj nehri**	[ganʒ nehri]

| Nil (m) | **Nil nehri** | [nil nehri] |
| Kongo (m) | **Kongo nehri** | [kongo nehri] |

Okavango (m)	Okavango nehri	[okavango nehıl]
Sambesi (m)	Zambezi nehri	[zambezi nehri]
Limpopo (m)	Limpopo nehri	[limpopo nehri]
Mississippi (m)	Mississippi nehri	[misisipi nehri]

83. Wald

| Wald (m) | orman | [orman] |
| Wald- | orman | [orman] |

Dickicht (n)	kesif orman	[kesif orman]
Gehölz (n)	koru, ağaçlık	[koru], [aatʃlık]
Lichtung (f)	ormanda açıklığı	[ormanda atʃıklı:ı]

| Dickicht (n) | sık ağaçlık | [ʃık aatʃlık] |
| Gebüsch (n) | çalılık | [tʃalılık] |

| Fußweg (m) | keçi yolu | [ketʃi jolu] |
| Erosionsrinne (f) | sel yatağı | [sel jataı] |

Baum (m)	ağaç	[aatʃ]
Blatt (n)	yaprak	[japrak]
Laub (n)	yapraklar	[japraklar]

Laubfall (m)	yaprak dökümü	[japrak døkymy]
fallen (Blätter)	dökülmek	[døkylmek]
Wipfel (m)	ağacın tepesi	[aadʒın tepesi]

Zweig (m)	dal	[dal]
Ast (m)	ağaç dalı	[aatʃ dalı]
Knospe (f)	tomurcuk	[tomurdʒuk]
Nadel (f)	iğne yaprak	[i:ine japrak]
Zapfen (m)	kozalak	[kozalak]

Höhlung (f)	kovuk	[kovuk]
Nest (n)	yuva	[juva]
Höhle (f)	in	[in]

Stamm (m)	gövde	[gøvde]
Wurzel (f)	kök	[køk]
Rinde (f)	kabuk	[kabuk]
Moos (n)	yosun	[josun]

entwurzeln (vt)	kökünden sökmek	[køkynden søkmek]
fällen (vt)	kesmek	[kesmek]
abholzen (vt)	ağaçları yok etmek	[aatʃları jok etmek]
Baumstumpf (m)	kütük	[kytyk]

| Lagerfeuer (n) | kamp ateşi | [kamp ateʃi] |
| Waldbrand (m) | yangın | [jangın] |

löschen (vt)	söndürmek	[søndyrmek]
Förster (m)	orman bekçisi	[orman bektʃisi]
Schutz (m)	koruma	[koruma]
beschützen (vt)	korumak	[kɒrumək]
Wilddieb (m)	kaçak avcı	[katʃak avdʒı]
Falle (f)	kapan	[kapan]

| sammeln, pflücken (vt) | toplamak | [toplamak] |
| sich verirren | yolunu kaybetmek | [jolunu kajbetmek] |

84. natürliche Lebensgrundlagen

Naturressourcen (pl)	doğal kaynaklar	[doal kajnaklar]
Bodenschätze (pl)	madensel maddeler	[madensel maddeler]
Vorkommen (n)	katman	[katman]
Feld (Ölfeld usw.)	yatak	[jatak]

gewinnen (vt)	çıkarmak	[tʃıkarmak]
Gewinnung (f)	maden çıkarma	[maden tʃıkarma]
Erz (n)	filiz	[filiz]
Bergwerk (n)	maden ocağı	[maden odʒaı]
Schacht (m)	kuyu	[kuju]
Bergarbeiter (m)	maden işçisi	[maden iʃtʃisi]

| Erdgas (n) | gaz | [gaz] |
| Gasleitung (f) | gaz boru hattı | [gaz boru hattı] |

Erdöl (n)	petrol	[petrol]
Erdölleitung (f)	petrol boru hattı	[petrol boru hattı]
Ölquelle (f)	petrol kulesi	[petrol kulesi]
Bohrturm (m)	sondaj kulesi	[sondaʒ kulesi]
Tanker (m)	tanker	[tanker]

Sand (m)	kum	[kum]
Kalkstein (m)	kireçtaşı	[kiretʃtaʃı]
Kies (m)	çakıl	[tʃakılı]
Torf (m)	turba	[turba]
Ton (m)	kil	[kil]
Kohle (f)	kömür	[kømyr]

Eisen (n)	demir	[demir]
Gold (n)	altın	[altın]
Silber (n)	gümüş	[gymyʃ]
Nickel (n)	nikel	[nikel]
Kupfer (n)	bakır	[bakır]

Zink (n)	çinko	[tʃinko]
Mangan (n)	manganez	[manganez]
Quecksilber (n)	cıva	[dʒıva]
Blei (n)	kurşun	[kurʃun]

Mineral (n)	mineral	[mineral]
Kristall (m)	billur	[billyr]
Marmor (m)	mermer	[mermer]
Uran (n)	uranyum	[uranjum]

85. Wetter

Wetter (n)	hava	[hava]
Wetterbericht (m)	hava tahmini	[hava tahmini]
Temperatur (f)	sıcaklık	[sɪdʒaklɪk]
Thermometer (n)	termometre	[termometre]
Barometer (n)	barometre	[barometre]

feucht	nemli	[nemli]
Feuchtigkeit (f)	nem	[nem]
Hitze (f)	sıcaklık	[sɪdʒaklɪk]
glutheiß	sıcak	[sɪdʒak]
ist heiß	hava sıcak	[hava sɪdʒak]

| ist warm | hava ılık | [hava ɪlɪk] |
| warm (Adj) | ılık | [ɪlɪk] |

ist kalt	hava soğuk	[hava souk]
kalt (Adj)	soğuk	[souk]
Sonne (f)	güneş	[gyneʃ]
scheinen (vi)	ışık vermek	[ɪʃɪk vermek]
sonnig (Adj)	güneşli	[gyneʃli]
aufgehen (vi)	doğmak	[doomak]
untergehen (vi)	batmak	[batmak]

Wolke (f)	bulut	[bulut]
bewölkt, wolkig	bulutlu	[bulutlu]
Regenwolke (f)	yağmur bulutu	[jaamur bulutu]
trüb (-er Tag)	kapalı	[kapalı]

Regen (m)	yağmur	[jaamur]
Es regnet	yağmur yağıyor	[jaamur jaıjor]
regnerisch (-er Tag)	yağmurlu	[jaamurlu]
nieseln (vi)	çiselemek	[tʃiselemek]

strömender Regen (m)	sağanak	[saanak]
Regenschauer (m)	şiddetli yağmur	[ʃiddetli jaamur]
stark (-er Regen)	şiddetli, zorlu	[ʃiddetli], [zorlu]
Pfütze (f)	su birikintisi	[su birikintisi]
nass werden (vi)	ıslanmak	[ɪslanmak]

Nebel (m)	sis, duman	[sis], [duman]
neblig (-er Tag)	sisli	[sisli]
Schnee (m)	kar	[kar]
Es schneit	kar yağıyor	[kar jaıjor]

86. Unwetter Naturkatastrophen

Gewitter (n)	fırtına	[fırtına]
Blitz (m)	şimşek	[ʃimʃek]
blitzen (vi)	çakmak	[tʃakmak]

Donner (m)	gök gürültüsü	[gøk gyryltysy]
donnern (vi)	gürlemek	[gyrlemek]
Es donnert	gök gürlüyor	[gøk gyrlyjor]

| Hagel (m) | dolu | [dolu] |
| Es hagelt | dolu yağıyor | [dolu jaıjor] |

| überfluten (vt) | su basmak | [su basmak] |
| Überschwemmung (f) | taşkın | [taʃkın] |

Erdbeben (n)	deprem	[deprem]
Erschütterung (f)	sarsıntı	[sarsıntı]
Epizentrum (n)	deprem merkezi	[deprem merkezi]

| Ausbruch (m) | püskürme | [pyskyrme] |
| Lava (f) | lav | [lav] |

Wirbelsturm (m)	hortum	[hortum]
Tornado (m)	kasırga	[kasırga]
Taifun (m)	tayfun	[tajfun]

Orkan (m)	kasırga	[kasırga]
Sturm (m)	fırtına	[fırtına]
Tsunami (m)	tsunami	[tsunami]

Zyklon (m)	siklon	[siklon]
Unwetter (n)	kötü hava	[køty hava]
Brand (m)	yangın	[jangın]
Katastrophe (f)	felaket	[felaket]
Meteorit (m)	göktaşı	[gøktaʃı]

Lawine (f)	çığ	[tʃıːı]
Schneelawine (f)	çığ	[tʃıːı]
Schneegestöber (n)	tipi	[tipi]
Schneesturm (m)	kar fırtınası	[kar fırtınası]

T&P BOOKS

FAUNA

T&P Books Publishing

87. Säugetiere. Raubtiere

Raubtier (n)	**yırtıcı hayvan**	[jırtıdʒı hajvan]
Tiger (m)	**kaplan**	[kaplan]
Löwe (m)	**aslan**	[aslan]
Wolf (m)	**kurt**	[kurt]
Fuchs (m)	**tilki**	[tilki]
Jaguar (m)	**jagar, jaguar**	[ʒagar]
Leopard (m)	**leopar**	[leopar]
Gepard (m)	**çita**	[tʃita]
Panther (m)	**panter**	[panter]
Puma (m)	**puma**	[puma]
Schneeleopard (m)	**kar leoparı**	[kar leoparı]
Luchs (m)	**vaşak**	[vaʃak]
Kojote (m)	**kır kurdu**	[kır kurdu]
Schakal (m)	**çakal**	[tʃakal]
Hyäne (f)	**sırtlan**	[sırtlan]

88. Tiere in freier Wildbahn

Tier (n)	**hayvan**	[hajvan]
Bestie (f)	**vahşi hayvan**	[vahʃi hajvan]
Eichhörnchen (n)	**sincap**	[sindʒap]
Igel (m)	**kirpi**	[kirpi]
Hase (m)	**yabani tavşan**	[jabani tavʃan]
Kaninchen (n)	**tavşan**	[tavʃan]
Dachs (m)	**porsuk**	[porsuk]
Waschbär (m)	**rakun**	[rakun]
Hamster (m)	**cırlak sıçan**	[dʒirlak sıtʃan]
Murmeltier (n)	**dağ sıçanı**	[daa sıtʃanı]
Maulwurf (m)	**köstebek**	[køstebek]
Maus (f)	**fare**	[fare]
Ratte (f)	**sıçan**	[sıtʃan]
Fledermaus (f)	**yarasa**	[jarasa]
Hermelin (n)	**kakım**	[kakım]
Zobel (m)	**samur**	[samur]
Marder (m)	**ağaç sansarı**	[aatʃ sansarı]

Wiesel (n)	gelincik	[gelinʤik]
Nerz (m)	vizon	[vizon]
Biber (m)	kunduz	[kunduz]
Fischotter (m)	su samuru	[su samuru]
Pferd (n)	at	[at]
Elch (m)	Avrupa musu	[avrupa musu]
Hirsch (m)	geyik	[gejik]
Kamel (n)	deve	[deve]
Bison (m)	bizon	[bizon]
Wisent (m)	Avrupa bizonu	[avrupa bizonu]
Büffel (m)	manda	[manda]
Zebra (n)	zebra	[zebra]
Antilope (f)	antilop	[antilop]
Reh (n)	karaca	[karadʒa]
Damhirsch (m)	alageyik	[alagejik]
Gämse (f)	dağ keçisi	[daa ketʃisi]
Wildschwein (n)	yaban domuzu	[jaban domuzu]
Wal (m)	balina	[balina]
Seehund (m)	fok	[fok]
Walroß (n)	mors	[mors]
Seebär (m)	kürklü fok balığı	[kyrkly fok balı:ı]
Delfin (m)	yunus	[junus]
Bär (m)	ayı	[ajı]
Eisbär (m)	beyaz ayı	[bejaz ajı]
Panda (m)	panda	[panda]
Affe (m)	maymun	[majmun]
Schimpanse (m)	şempanze	[ʃempanze]
Orang-Utan (m)	orangutan	[orangutan]
Gorilla (m)	goril	[goril]
Makak (m)	makak	[makak]
Gibbon (m)	jibon	[ʒibon]
Elefant (m)	fil	[fil]
Nashorn (n)	gergedan	[gergedan]
Giraffe (f)	zürafa	[zyrafa]
Flusspferd (n)	su aygırı	[su ajgırı]
Känguru (n)	kanguru	[kanguru]
Koala (m)	koala	[koala]
Manguste (f)	firavunfaresi	[fıravunfaresi]
Chinchilla (n)	şinşilla	[ʃinʃilla]
Stinktier (n)	kokarca	[kokardʒa]
Stachelschwein (n)	oklukirpi	[oklukirpi]

89. Haustiere

Katze (f)	**kedi**	[kedi]
Kater (m)	**erkek kedi**	[erkek kedi]
Hund (m)	**köpek**	[køpek]
Pferd (n)	**at**	[at]
Hengst (m)	**aygır**	[ajgır]
Stute (f)	**kısrak**	[kısrak]
Kuh (f)	**inek**	[inek]
Stier (m)	**boğa**	[boa]
Ochse (m)	**öküz**	[økyz]
Schaf (n)	**koyun**	[kojun]
Widder (m)	**koç**	[kotʃ]
Ziege (f)	**keçi**	[ketʃi]
Ziegenbock (m)	**teke**	[teke]
Esel (m)	**eşek**	[eʃek]
Maultier (n)	**katır**	[katır]
Schwein (n)	**domuz**	[domuz]
Ferkel (n)	**domuz yavrusu**	[domuz javrusu]
Kaninchen (n)	**tavşan**	[tavʃan]
Huhn (n)	**tavuk**	[tavuk]
Hahn (m)	**horoz**	[horoz]
Ente (f)	**ördek**	[ørdek]
Enterich (m)	**suna**	[suna]
Gans (f)	**kaz**	[kaz]
Puter (m)	**erkek hindi**	[erkek hindi]
Pute (f)	**dişi hindi**	[diʃi hindi]
Haustiere (pl)	**evcil hayvanlar**	[evdʒil hajvanlar]
zahm	**evcil**	[evdʒil]
zähmen (vt)	**evcilleştirmek**	[evdʒilleʃtirmek]
züchten (vt)	**yetiştirmek**	[jetiʃtirmek]
Farm (f)	**çiftlik**	[tʃiftlik]
Geflügel (n)	**kümse hayvanları**	[kymse hajvanları]
Vieh (n)	**çiftlik hayvanları**	[tʃiftlik hajvanları]
Herde (f)	**sürü**	[syry]
Pferdestall (m)	**ahır**	[ahır]
Schweinestall (m)	**domuz ahırı**	[domuz ahırı]
Kuhstall (m)	**inek ahırı**	[inek ahırı]
Kaninchenstall (m)	**tavşan kafesi**	[tavʃan kafesi]
Hühnerstall (m)	**tavuk kümesi**	[tavuk kymesi]

90. Vögel

Vogel (m)	kuş	[kuʃ]
Taube (f)	güvercin	[gyverdʒin]
Spatz (m)	serçe	[sertʃe]
Meise (f)	baştankara	[baʃtankara]
Elster (f)	saksağan	[saksaan]

Rabe (m)	kara karga, kuzgun	[kara karga], [kuzgun]
Krähe (f)	karga	[karga]
Dohle (f)	küçük karga	[kytʃuk karga]
Saatkrähe (f)	ekin kargası	[ekin kargası]

Ente (f)	ördek	[ørdek]
Gans (f)	kaz	[kaz]
Fasan (m)	sülün	[sylyn]

Adler (m)	kartal	[kartal]
Habicht (m)	atmaca	[atmadʒa]
Falke (m)	doğan	[doan]
Greif (m)	akbaba	[akbaba]
Kondor (m)	kondor	[kondor]

Schwan (m)	kuğu	[kuu]
Kranich (m)	turna	[turna]
Storch (m)	leylek	[lejlek]

Papagei (m)	papağan	[papaan]
Kolibri (m)	sinekkuşu	[sinek kuʃu]
Pfau (m)	tavus	[tavus]

Strauß (m)	deve kuşu	[deve kuʃu]
Reiher (m)	balıkçıl	[balıktʃil]
Flamingo (m)	flamingo	[flamingo]
Pelikan (m)	pelikan	[pelikan]

Nachtigall (f)	bülbül	[bylbyl]
Schwalbe (f)	kırlangıç	[kırlangıtʃ]

Drossel (f)	ardıç kuşu	[ardıtʃ kuʃu]
Singdrossel (f)	öter ardıç kuşu	[øter ardıtʃ kuʃu]
Amsel (f)	karatavuk	[kara tavuk]

Segler (m)	sağan	[saan]
Lerche (f)	toygar	[tojgar]
Wachtel (f)	bıldırcın	[bıldırdʒın]

Specht (m)	ağaçkakan	[aatʃkakan]
Kuckuck (m)	guguk	[guguk]
Eule (f)	baykuş	[bajkuʃ]
Uhu (m)	puhu kuşu	[puhu kuʃu]

Auerhahn (m)	çalıhorozu	[tʃalı horozu]
Birkhahn (m)	kayın tavuğu	[kajın tavuu]
Rebhuhn (n)	keklik	[keklik]

Star (m)	sığırcık	[sı:ırdʒık]
Kanarienvogel (m)	kanarya	[kanarja]
Haselhuhn (n)	çil	[tʃil]
Buchfink (m)	ispinoz	[ispinoz]
Gimpel (m)	şakrak kuşu	[ʃakrak kuʃu]

Möwe (f)	martı	[martı]
Albatros (m)	albatros	[albatros]
Pinguin (m)	penguen	[penguen]

91. Fische. Meerestiere

Brachse (f)	çapak balığı	[tʃapak balı:ı]
Karpfen (m)	sazan	[sazan]
Barsch (m)	tatlı su levreği	[tatlı su levrei]
Wels (m)	yayın	[jajın]
Hecht (m)	turna balığı	[turna balı:ı]

| Lachs (m) | som balığı | [som balı:ı] |
| Stör (m) | mersin balığı | [mersin balı:ı] |

Hering (m)	ringa	[ringa]
atlantische Lachs (m)	som, somon	[som], [somon]
Makrele (f)	uskumru	[uskumru]
Scholle (f)	kalkan	[kalkan]

Zander (m)	uzunlevrek	[uzunlevrek]
Dorsch (m)	morina balığı	[morina balı:ı]
Tunfisch (m)	ton balığı	[ton balı:ı]
Forelle (f)	alabalık	[alabalık]

Aal (m)	yılan balığı	[jılan balı:ı]
Zitterrochen (m)	torpilbalığı	[torpil balı:ı]
Muräne (f)	murana	[murana]
Piranha (m)	pirana	[pirana]

Hai (m)	köpek balığı	[køpek balı:ı]
Delfin (m)	yunus	[junus]
Wal (m)	balina	[balina]

Krabbe (f)	yengeç	[jengetʃ]
Meduse (f)	denizanası	[deniz anası]
Krake (m)	ahtapot	[ahtapot]

| Seestern (m) | deniz yıldızı | [deniz jıldızı] |
| Seeigel (m) | deniz kirpisi | [deniz kirpisi] |

Seepferdchen (n)	denizatı	[denizatı]
Auster (f)	istiridye	[istiridje]
Garnele (f)	karides	[karides]
Hummer (m)	ıstakoz	[ıstakoz]
Languste (f)	langust	[langust]

92. Amphibien Reptilien

Schlange (f)	yılan	[jılan]
Gift-, giftig	zehirli	[zehirli]

Viper (f)	engerek	[engirek]
Kobra (f)	kobra	[kobra]
Python (m)	piton	[piton]
Boa (f)	boa yılanı	[boa jılanı]

Ringelnatter (f)	çayır yılanı	[ʧajır jılanı]
Klapperschlange (f)	çıngıraklı yılan	[ʧırgıraklı jılan]
Anakonda (f)	anakonda	[anakonda]

Eidechse (f)	kertenkele	[kertenkele]
Leguan (m)	iguana	[iguana]
Waran (m)	varan	[varan]
Salamander (m)	salamandra	[salamandra]
Chamäleon (n)	bukalemun	[bukalemun]
Skorpion (m)	akrep	[akrep]

Schildkröte (f)	kaplumbağa	[kaplumbaa]
Frosch (m)	kurbağa	[kurbaa]
Kröte (f)	kara kurbağa	[kara kurbaa]
Krokodil (n)	timsah	[timsah]

93. Insekten

Insekt (n)	böcek, haşere	[bødʒek], [haʃere]
Schmetterling (m)	kelebek	[kelebek]
Ameise (f)	karınca	[karındʒa]
Fliege (f)	sinek	[sinek]
Mücke (f)	sivri sinek	[sivri sinek]
Käfer (m)	böcek	[bødʒek]

Wespe (f)	eşek arısı	[eʃek arısı]
Biene (f)	arı	[arı]
Hummel (f)	toprak yaban arısı	[toprak jaban arısı]
Bremse (f)	at sineği	[at sinei]

Spinne (f)	örümcek	[ørymdʒek]
Spinnennetz (n)	örümcek ağı	[ørymdʒek aı]

Libelle (f)	kız böceği	[kız bødʒei]
Grashüpfer (m)	çekirge	[ʧekirge]
Schmetterling (m)	pervane	[pervane]
Schabe (f)	hamam böceği	[hamam bødʒei]
Zecke (f)	kene, sakırga	[kene], [sakırga]
Floh (m)	pire	[pire]
Kriebelmücke (f)	tatarcık	[tatardʒık]
Heuschrecke (f)	çekirge	[ʧekirge]
Schnecke (f)	sümüklü böcek	[symykly bødʒek]
Heimchen (n)	cırcır böceği	[dʒırdʒır bødʒei]
Leuchtkäfer (m)	ateş böceği	[ateʃ bødʒei]
Marienkäfer (m)	uğur böceği	[uur bødʒei]
Maikäfer (m)	mayıs böceği	[majıs bødʒei]
Blutegel (m)	sülük	[sylyk]
Raupe (f)	tırtıl	[tırtıl]
Wurm (m)	solucan	[soludʒan]
Larve (f)	kurtçuk	[kurtʃuk]

FLORA

T&P Books Publishing

94. Bäume

Baum (m)	**ağaç**	[aatʃ]
Laub-	**geniş yapraklı**	[geniʃ japraklı]
Nadel-	**iğne yapraklı**	[iːine japraklı]
immergrün	**her dem taze**	[her dem taze]
Apfelbaum (m)	**elma ağacı**	[elma aadʒı]
Birnbaum (m)	**armut ağacı**	[armut aadʒı]
Süßkirschbaum (m)	**kiraz ağacı**	[kiraz aadʒı]
Sauerkirschbaum (m)	**vişne ağacı**	[viʃne aadʒı]
Pflaumenbaum (m)	**erik ağacı**	[erik aadʒı]
Birke (f)	**huş ağacı**	[huʃ aadʒı]
Eiche (f)	**meşe**	[meʃe]
Linde (f)	**ıhlamur**	[ıhlamur]
Espe (f)	**titrek kavak**	[titrek kavak]
Ahorn (m)	**akça ağaç**	[aktʃa aatʃ]
Fichte (f)	**ladin**	[ladin]
Kiefer (f)	**çam ağacı**	[tʃam aadʒı]
Lärche (f)	**melez ağacı**	[melez aadʒı]
Tanne (f)	**köknar**	[køknar]
Zeder (f)	**sedir**	[sedir]
Pappel (f)	**kavak**	[kavak]
Vogelbeerbaum (m)	**üvez ağacı**	[yvez aadʒı]
Weide (f)	**söğüt**	[søjut]
Erle (f)	**kızılağaç**	[kızılaatʃ]
Buche (f)	**kayın**	[kajın]
Ulme (f)	**karaağaç**	[kara aatʃ]
Esche (f)	**dişbudak ağacı**	[diʃbudak aadʒı]
Kastanie (f)	**kestane**	[kestane]
Magnolie (f)	**manolya**	[manolja]
Palme (f)	**palmiye**	[palmije]
Zypresse (f)	**servi**	[servi]
Mangrovenbaum (m)	**mangrov**	[mangrov]
Baobab (m)	**baobab ağacı**	[baobab aadʒı]
Eukalyptus (m)	**okaliptüs**	[okaliptys]
Mammutbaum (m)	**sekoya**	[sekoja]

95. Büsche

Strauch (m)	çalı	[ʧalı]
Gebüsch (n)	çalılık	[ʧalılık]
Weinstock (m)	üzüm	[yzym]
Weinberg (m)	bağ	[baa]
Himbeerstrauch (m)	ahududu	[ahududu]
schwarze Johannisbeere (f)	siyah frenk üzümü	[sijah frenk yzymy]
rote Johannisbeere (f)	kırmızı frenk üzümü	[kırmızı frenk yzymy]
Stachelbeerstrauch (m)	bektaşi üzümü	[bektaʃi yzymy]
Akazie (f)	akasya	[akasja]
Berberitze (f)	diken üzümü	[diken yzymy]
Jasmin (m)	yasemin	[jasemin]
Wacholder (m)	ardıç	[ardıʧ]
Rosenstrauch (m)	gül ağacı	[gyl aadʒı]
Heckenrose (f)	yaban gülü	[jaban gyly]

96. Obst. Beeren

Frucht (f)	meyve	[mejve]
Früchte (pl)	meyveler	[mejveler]
Apfel (m)	elma	[elma]
Birne (f)	armut	[armut]
Pflaume (f)	erik	[erik]
Erdbeere (f)	çilek	[ʧilek]
Sauerkirsche (f)	vişne	[viʃne]
Süßkirsche (f)	kiraz	[kiraz]
Weintrauben (pl)	üzüm	[yzym]
Himbeere (f)	ahududu	[ahududu]
schwarze Johannisbeere (f)	siyah frenk üzümü	[sijah frenk yzymy]
rote Johannisbeere (f)	kırmızı frenk üzümü	[kırmızı frenk yzymy]
Stachelbeere (f)	bektaşi üzümü	[bektaʃi yzymy]
Moosbeere (f)	kızılcık	[kızıldʒık]
Apfelsine (f)	portakal	[portakal]
Mandarine (f)	mandalina	[mandalina]
Ananas (f)	ananas	[ananas]
Banane (f)	muz	[muz]
Dattel (f)	hurma	[hurma]
Zitrone (f)	limon	[limon]
Aprikose (f)	kayısı	[kajısı]

Pfirsich (m)	şeftali	[ʃeftali]
Kiwi (f)	kivi	[kivi]
Grapefruit (f)	greypfrut	[grejpfrut]

Beere (f)	meyve, yemiş	[mejve], [jemiʃ]
Beeren (pl)	yemişler	[jemiʃler]
Preiselbeere (f)	kırmızı yaban mersini	[kırmızı jaban mersini]
Walderdbeere (f)	yabani çilek	[jabani tʃilek]
Heidelbeere (f)	yaban mersini	[jaban mersini]

97. Blumen. Pflanzen

| Blume (f) | çiçek | [tʃitʃek] |
| Blumenstrauß (m) | demet | [demet] |

Rose (f)	gül	[gyl]
Tulpe (f)	lale	[lale]
Nelke (f)	karanfil	[karanfil]
Gladiole (f)	glayöl	[glajøl]

Kornblume (f)	peygamber çiçeği	[pejgamber tʃitʃei]
Glockenblume (f)	çançiçeği	[tʃantʃitʃei]
Löwenzahn (m)	hindiba	[hindiba]
Kamille (f)	papatya	[papatja]

Aloe (f)	sarısabır	[sarısabır]
Kaktus (m)	kaktüs	[kaktys]
Gummibaum (m)	kauçuk ağacı	[kautʃuk aadʒı]

Lilie (f)	zambak	[zambak]
Geranie (f)	sardunya	[sardunija]
Hyazinthe (f)	sümbül	[symbyl]

Mimose (f)	mimoza	[mimoza]
Narzisse (f)	nergis	[nergis]
Kapuzinerkresse (f)	latin çiçeği	[latin tʃitʃei]

Orchidee (f)	orkide	[orkide]
Pfingstrose (f)	şakayık	[ʃakajık]
Veilchen (n)	menekşe	[menekʃe]

Stiefmütterchen (n)	hercai menekşe	[herdʒai menekʃe]
Vergissmeinnicht (n)	unutmabeni	[unutmabeni]
Gänseblümchen (n)	papatya	[papatja]

Mohn (m)	haşhaş	[haʃhaʃ]
Hanf (m)	kendir	[kendir]
Minze (f)	nane	[nane]
Maiglöckchen (n)	inci çiçeği	[indʒi tʃitʃei]
Schneeglöckchen (n)	kardelen	[kardelen]

Brennnessel (f)	ısırgan otu	[ısırgan otu]
Sauerampfer (m)	kuzukulağı	[kuzukulaı]
Seerose (f)	beyaz nilüfer	[bejaz nilyfer]
Farn (m)	eğreltiotu	[eereltiotu]
Flechte (f)	liken	[liken]

Gewächshaus (n)	limonluk	[limonlyk]
Rasen (m)	çimen	[tʃimen]
Blumenbeet (n)	çiçek tarhı	[tʃitʃek tarhı]

Pflanze (f)	bitki	[bitki]
Gras (n)	ot	[ot]
Grashalm (m)	ot çöpü	[ot tʃøpy]

Blatt (n)	yaprak	[japrak]
Blütenblatt (n)	taçyaprağı	[tatʃjapraı]
Stiel (m)	sap	[sap]
Knolle (f)	yumru	[jumru]

| Jungpflanze (f) | filiz | [filiz] |
| Dorn (m) | diken | [diken] |

blühen (vi)	çiçeklenmek	[tʃitʃeklenmek]
welken (vi)	solmak	[solmak]
Geruch (m)	koku	[koku]
abschneiden (vt)	kesmek	[kesmek]
pflücken (vt)	koparmak	[koparmak]

98. Getreide, Körner

Getreide (n)	tahıl, tane	[tahıl], [tane]
Getreidepflanzen (pl)	tahıllar	[tahıllar]
Ähre (f)	başak	[baʃak]

Weizen (m)	buğday	[buudaj]
Roggen (m)	çavdar	[tʃavdar]
Hafer (m)	yulaf	[julaf]

| Hirse (f) | darı | [darı] |
| Gerste (f) | arpa | [arpa] |

Mais (m)	mısır	[mısır]
Reis (m)	pirinç	[pirintʃ]
Buchweizen (m)	karabuğday	[karabuudaj]

Erbse (f)	bezelye	[bezelje]
weiße Bohne (f)	fasulye	[fasulje]
Sojabohne (f)	soya	[soja]
Linse (f)	mercimek	[merdʒimek]
Bohnen (pl)	bakla	[bakla]

LÄNDER DER WELT

T&P Books Publishing

Afghanistan	**Afganistan**	[afganistan]
Ägypten	**Mısır**	[mısır]
Albanien	**Arnavutluk**	[arnavutluk]
Argentinien	**Arjantin**	[arʒantin]
Armenien	**Ermenistan**	[ermenistan]
Aserbaidschan	**Azerbaycan**	[azerbajdʒan]
Australien	**Avustralya**	[avustralja]
Bangladesch	**Bangladeş**	[bangladeʃ]
Belgien	**Belçika**	[beltʃika]
Bolivien	**Bolivya**	[bolivja]
Bosnien und Herzegowina	**Bosna-Hersek**	[bosna hertsek]
Brasilien	**Brezilya**	[brezilja]
Bulgarien	**Bulgaristan**	[bulgaristan]
Chile	**Şili**	[ʃili]
China	**Çin**	[tʃin]
Dänemark	**Danimarka**	[danimarka]
Deutschland	**Almanya**	[almanja]
Die Bahamas	**Bahama adaları**	[bahama adaları]
Die Vereinigten Staaten	**Amerika Birleşik Devletleri**	[amerika birleʃik devletleri]
Dominikanische Republik	**Dominik Cumhuriyeti**	[dominik dʒumhurijeti]
Ecuador	**Ekvator**	[ekvator]
England	**İngiltere**	[ingiltere]
Estland	**Estonya**	[estonja]
Finnland	**Finlandiya**	[finlandja]
Frankreich	**Fransa**	[fransa]
Französisch-Polynesien	**Fransız Polinezisi**	[fransız polinezisi]
Georgien	**Gürcistan**	[gyrdʒistan]
Ghana	**Gana**	[gana]
Griechenland	**Yunanistan**	[junanistan]
Großbritannien	**Büyük Britanya**	[byjuk britanja]
Haiti	**Haiti**	[haiti]
Indien	**Hindistan**	[hindistan]
Indonesien	**Endonezya**	[endonezja]
Irak	**Irak**	[ırak]
Iran	**İran**	[iran]
Irland	**İrlanda**	[irlanda]
Island	**İzlanda**	[izlanda]
Israel	**İsrail**	[israil]
Italien	**İtalya**	[italja]

100. Länder. Teil 2

Jamaika	**Jamaika**	[ʒamajka]
Japan	**Japonya**	[ʒaponja]
Jordanien	**Ürdün**	[urdyn]
Kambodscha	**Kamboçya**	[kambotʃja]
Kanada	**Kanada**	[kanada]
Kasachstan	**Kazakistan**	[kazakistan]
Kenia	**Kenya**	[kenja]
Kirgisien	**Kırgızistan**	[kırgızistan]
Kolumbien	**Kolombiya**	[kolombija]
Kroatien	**Hırvatistan**	[hırvatistan]
Kuba	**Küba**	[kyba]
Kuwait	**Kuveyt**	[kuvejt]
Laos	**Laos**	[laos]
Lettland	**Letonya**	[letonja]
Libanon (m)	**Lübnan**	[lybnan]
Libyen	**Libya**	[libja]
Liechtenstein	**Lihtenştayn**	[lihtenʃtajn]
Litauen	**Litvanya**	[litvanja]
Luxemburg	**Lüksemburg**	[lyksemburg]
Madagaskar	**Madagaskar**	[madagaskar]
Makedonien	**Makedonya**	[makedonja]
Malaysia	**Malezya**	[malezja]
Malta	**Malta**	[malta]
Marokko	**Fas**	[fas]
Mexiko	**Meksika**	[meksika]
Moldawien	**Moldova**	[moldova]
Monaco	**Monako**	[monako]
Mongolei (f)	**Moğolistan**	[moolistan]
Montenegro	**Karadağ**	[karadaa]
Myanmar	**Myanmar**	[mjanmar]
Namibia	**Namibya**	[namibja]
Nepal	**Nepal**	[nepal]
Neuseeland	**Yeni Zelanda**	[jeni zelanda]
Niederlande (f)	**Hollanda**	[hollanda]
Nordkorea	**Kuzey Kore**	[kuzej kore]
Norwegen	**Norveç**	[norvetʃ]
Österreich	**Avusturya**	[avusturja]

101. Länder. Teil 3

Pakistan	**Pakistan**	[pakistan]
Palästina	**Filistin**	[filistin]
Panama	**Panama**	[panama]

Paraguay	**Paraguay**	[paraguaj]
Peru	**Peru**	[peru]
Polen	**Polonya**	[polonja]
Portugal	**Portekiz**	[pↄrtekiz]
Republik Südafrika	**Güney Afrika Cumhuriyeti**	[gynej afrika dʒumhurijeti]
Rumänien	**Romanya**	[romanja]
Russland	**Rusya**	[rusja]
Sansibar	**Zanzibar**	[zanzibar]
Saudi-Arabien	**Suudi Arabistan**	[suudi arabistan]
Schottland	**İskoçya**	[iskotʃja]
Schweden	**İsveç**	[isvetʃ]
Schweiz (f)	**İsviçre**	[isvitʃre]
Senegal	**Senegal**	[senegal]
Serbien	**Sırbistan**	[sırbistan]
Slowakei (f)	**Slovakya**	[slovakja]
Slowenien	**Slovenya**	[slovenja]
Spanien	**İspanya**	[ispanja]
Südkorea	**Güney Kore**	[gynej kore]
Suriname	**Surinam**	[surinam]
Syrien	**Suriye**	[surije]
Tadschikistan	**Tacikistan**	[tadʒikistan]
Taiwan	**Tayvan**	[tajvan]
Tansania	**Tanzanya**	[tanzanja]
Tasmanien	**Tazmanya**	[tazmanija]
Thailand	**Tayland**	[tailand]
Tschechien	**Çek Cumhuriyeti**	[tʃek dʒumhurijeti]
Tunesien	**Tunus**	[tunus]
Türkei (f)	**Türkiye**	[tyrkije]
Turkmenistan	**Türkmenistan**	[tyrkmenistan]
Ukraine (f)	**Ukrayna**	[ukrajna]
Ungarn	**Macaristan**	[madʒaristan]
Uruguay	**Uruguay**	[urugvaj]
Usbekistan	**Özbekistan**	[øzbekistan]
Vatikan (m)	**Vatikan**	[vatikan]
Venezuela	**Venezuela**	[venezuela]
Vereinigten Arabischen Emirate	**Birleşik Arap Emirlikleri**	[birleʃik arap emirlikleri]
Vietnam	**Vietnam**	[vjetnam]
Weißrussland	**Beyaz Rusya**	[bejaz rusja]
Zypern	**Kıbrıs**	[kıbrıs]

GASTRONOMISCHES WÖRTERBUCH

Dieser Teil beinhaltet viele
Wörter und Begriffe im
Zusammenhang mit
Lebensmitteln.
Dieses Wörterbuch wird es
einfacher für Sie machen,
um das Menü in einem
Restaurant zu verstehen
und die richtige Speise
zu wählen

T&P Books Publishing

Deutsch-Türkisch gastronomisches wörterbuch

Ähre (f)	başak	[baʃak]
Aal (m)	yılan balığı	[jɪlan balɪ:ɪ]
Abendessen (n)	akşam yemeği	[akʃam jemei]
alkoholfrei	alkolsüz	[alkolsyz]
alkoholfreies Getränk (n)	alkolsüz içki	[alkolsyz itʃki]
Ananas (f)	ananas	[ananas]
Anis (m)	anason	[anason]
Aperitif (m)	aperatif	[aperatif]
Apfel (m)	elma	[elma]
Apfelsine (f)	portakal	[portakal]
Appetit (m)	iştah	[iʃtah]
Aprikose (f)	kayısı	[kajɪsɪ]
Artischocke (f)	enginar	[enginar]
atlantische Lachs (m)	som, somon	[som], [somon]
Aubergine (f)	patlıcan	[patlɪdʒan]
Auster (f)	istiridye	[istiridje]
Avocado (f)	avokado	[avokado]
Banane (f)	muz	[muz]
Bar (f)	bar	[bar]
Barmixer (m)	barmen	[barmen]
Barsch (m)	tatlı su levreği	[tatlɪ su levrei]
Basilikum (n)	fesleğen	[fesleen]
Beefsteak (n)	biftek	[biftek]
Beere (f)	meyve, yemiş	[mejve], [jemiʃ]
Beeren (pl)	yemişler	[jemiʃler]
Beigeschmack (m)	ağızda kalan tat	[aɪzda kalan tat]
Beilage (f)	garnitür	[garnityr]
belegtes Brot (n)	sandviç	[sandvitʃ]
Bier (n)	bira	[bira]
Birkenpilz (m)	ak ağaç mantarı	[ak aatʃ mantarɪ]
Birne (f)	armut	[armut]
bitter	acı	[adʒɪ]
Blumenkohl (m)	karnabahar	[karnabahar]
Bohnen (pl)	bakla	[bakla]
Bonbon (m, n)	şeker	[ʃeker]
Brühe (f), Bouillon (f)	et suyu	[et suju]
Brachse (f)	çapak balığı	[tʃapak balɪ:ɪ]
Brei (m)	lâpa	[lapa]
Brokkoli (m)	brokoli	[brokoli]
Brombeere (f)	böğürtlen	[bøjurtlen]
Brot (n)	ekmek	[ekmek]
Buchweizen (m)	karabuğday	[karabuudaj]
Butter (f)	tereyağı	[terejaɪ]
Buttercreme (f)	krema	[krema]

Cappuccino (m)	kaymaklı kahve	[kajmaklı kahvə]
Champagner (m)	şampanya	[ʃampanja]
Cocktail (m)	kokteyl	[koktejl]
Dattel (f)	hurma	[hurma]
Diät (f)	rejim, diyet	[reʒim], [dijet]
Dill (m)	dereotu	[dereotu]
Dorsch (m)	morina balığı	[morina balı:ı]
Dosenöffner (m)	konserve açacağı	[konserve atʃadʒaı]
Dunkelbier (n)	siyah bira	[sijah bira]
Ei (n)	yumurta	[jumurta]
Eier (pl)	yumurtalar	[jumurtalar]
Eigelb (n)	yumurta sarısı	[jumurta sarısı]
Eis (n)	buz	[buz]
Eis (n)	dondurma	[dondurma]
Eiweiß (n)	yumurta akı	[jumurta akı]
Ente (f)	ördek	[ørdek]
Erbse (f)	bezelye	[bezelje]
Erdbeere (f)	çilek	[tʃilek]
Erdnuss (f)	yerfıstığı	[jerfıstı:ı]
Erfrischungsgetränk (n)	soğuk meşrubat	[souk meʃrubat]
essbarer Pilz (m)	yenir mantar	[jenir mantar]
Essen (n)	yemek	[jemek]
Essig (m)	sirke	[sirke]
Esslöffel (m)	yemek kaşığı	[jemek kaʃı:ı]
Füllung (f)	iç	[itʃ]
Feige (f)	incir	[indʒir]
Fett (n)	yağlar	[jaalar]
Fisch (m)	balık	[balık]
Flaschenöffner (m)	şişe açacağı	[ʃiʃe atʃadʒaı]
Fleisch (n)	et	[et]
Fliegenpilz (m)	sinek mantarı	[sinek mantarı]
Forelle (f)	alabalık	[alabalık]
Früchte (pl)	meyveler	[mejveler]
Frühstück (n)	kahvaltı	[kahvaltı]
frisch gepresster Saft (m)	taze meyve suyu	[taze mejve suju]
Frucht (f)	meyve	[mejve]
Gabel (f)	çatal	[tʃatal]
Gans (f)	kaz	[kaz]
Garnele (f)	karides	[karides]
gebraten	kızartılmış	[kızartılmıʃ]
gekocht	pişmiş	[piʃmiʃ]
Gemüse (n)	sebze	[sebze]
geräuchert	tütsülenmiş, füme	[tytsylenmiʃ], [fyme]
Gericht (n)	yemek	[jemek]
Gerste (f)	arpa	[arpa]
Geschmack (m)	tat	[tat]
Getreide (n)	tahıl, tane	[tahıl], [tane]
Getreidepflanzen (pl)	tahıllar	[tahıllar]
getrocknet	kuru	[kuru]
Gewürz (n)	çeşni	[tʃeʃni]
Gewürz (n)	baharat	[baharat]
Giftpilz (m)	zehirli mantar	[zehirli mantar]

Gin (m)	cin	[dʒin]
Grüner Knollenblätterpilz (m)	köygöçüren mantarı	[køjgøtʃuren mantarı]
grüner Tee (m)	yeşil çay	[jeʃil tʃʌj]
grünes Gemüse (pl)	yeşillik	[jeʃilik]
Grütze (f)	tane	[tane]
Granatapfel (m)	nar	[nar]
Grapefruit (f)	greypfrut	[grejpfrut]
Gurke (f)	salatalık	[salatalık]
Guten Appetit!	Afiyet olsun!	[afijet olsun]
Hühnerfleisch (n)	tavuk eti	[tavuk eti]
Hackfleisch (n)	kıyma	[kıjma]
Hafer (m)	yulaf	[julaf]
Hai (m)	köpek balığı	[køpek balı:ı]
Hamburger (m)	hamburger	[hamburger]
Hammelfleisch (n)	koyun eti	[kojun eti]
Haselnuss (f)	fındık	[fındık]
Hecht (m)	turna balığı	[turna balı:ı]
heiß	sıcak	[sıdʒak]
Heidelbeere (f)	yaban mersini	[jaban mersini]
Heilbutt (m)	pisi balığı	[pisi balı:ı]
Helles (n)	hafif bira	[hafif bira]
Hering (m)	ringa	[ringa]
Himbeere (f)	ahududu	[ahududu]
Hirse (f)	darı	[darı]
Honig (m)	bal	[bal]
Ingwer (m)	zencefil	[zendʒefil]
Joghurt (m, f)	yoğurt	[jourt]
Käse (m)	peynir	[pejnir]
Küche (f)	mutfak	[mutfak]
Kümmel (m)	çörek otu	[tʃørek otu]
Kürbis (m)	kabak	[kabak]
Kaffee (m)	kahve	[kahve]
Kalbfleisch (n)	dana eti	[dana eti]
Kalmar (m)	kalamar	[kalamar]
Kalorie (f)	kalori	[kalori]
kalt	soğuk	[souk]
Kaninchenfleisch (n)	tavşan eti	[tavʃan eti]
Karotte (f)	havuç	[havutʃ]
Karpfen (m)	sazan	[sazan]
Kartoffel (f)	patates	[patates]
Kartoffelpüree (n)	patates püresi	[patates pyresi]
Kaugummi (m, n)	sakız, çiklet	[sakız], [tʃiklet]
Kaviar (m)	havyar	[havjar]
Keks (m, n)	bisküvi	[biskyvi]
Kellner (m)	garson	[garson]
Kellnerin (f)	kadın garson	[kadın garson]
Kiwi, Kiwifrucht (f)	kivi	[kivi]
Knoblauch (m)	sarımsak	[sarımsak]
Kognak (m)	konyak	[konjak]
Kohl (m)	lahana	[lahana]
Kohlenhydrat (n)	karbonhidratlar	[karbonhidratlar]

Kokosnuss (f)	Hindistan cevizi	[Iındistan ʤevizi]
Kondensmilch (f)	yoğunlaştırılmış süt	[jounlaʃtırılmıʃ syt]
Konditorwaren (pl)	şekerleme	[ʃekerleme]
Konfitüre (f)	reçel	[retʃel]
Konserven (pl)	konserve	[konserve]
Kopf Salat (m)	yeşil salata	[jeʃil salata]
Koriander (m)	kişniş	[kiʃniʃ]
Korkenzieher (m)	tirbuşon	[tirbyʃon]
Krümel (m)	kırıntı	[kırıntı]
Krabbe (f)	yengeç	[jengetʃ]
Kuchen (m)	ufak kek	[ufak kek]
Kuchen (m)	börek	[børek]
Löffel (m)	kaşık	[kaʃık]
Lachs (m)	som balığı	[som balı:ı]
Languste (f)	langust	[langust]
Leber (f)	karaciğer	[karadʒier]
lecker	tatlı, lezzetli	[tatlı], [lezzetlı]
Likör (m)	likör	[likør]
Limonade (f)	limonata	[limonata]
Linse (f)	mercimek	[merdʒimek]
Lorbeerblatt (n)	defne yaprağı	[defne japraı]
Mais (m)	mısır	[mısır]
Mais (m)	mısır	[mısır]
Maisflocken (pl)	mısır gevreği	[mısır gevrei]
Makrele (f)	uskumru	[uskumru]
Mandarine (f)	mandalina	[mandalina]
Mandel (f)	badem	[badem]
Mango (f)	mango	[mango]
Margarine (f)	margarin	[margarin]
mariniert	turşu	[turʃu]
Marmelade (f)	reçel, marmelat	[retʃel], [marmelat]
Marmelade (f)	marmelat	[marmelat]
Mayonnaise (f)	mayonez	[majonez]
Meeresfrüchte (pl)	deniz ürünleri	[deniz yrynleri]
Meerrettich (m)	bayırturpu	[bajırturpu]
Mehl (n)	un	[un]
Melone (f)	kavun	[kavun]
Messer (n)	bıçak	[bıtʃak]
Milch (f)	süt	[syt]
Milchcocktail (m)	sütlü kokteyl	[sytly koktejl]
Milchkaffee (m)	sütlü kahve	[sytly kahve]
Mineralwasser (n)	maden suyu	[maden suju]
mit Eis	buzlu	[buzlu]
mit Gas	maden	[maden]
mit Kohlensäure	gazlı	[gazlı]
Mittagessen (n)	öğle yemeği	[ø:le jemei]
Moosbeere (f)	kızılcık	[kızıldʒık]
Morchel (f)	kuzu mantarı	[kuzu mantarı]
Nachtisch (m)	tatlı	[tatlı]
Nelke (f)	karanfil	[karanfil]
Nudeln (pl)	erişte	[eriʃte]
Oliven (pl)	zeytin	[zejtin]

Olivenöl (n)	zeytin yağı	[zejtin jaı]
Omelett (n)	omlet	[omlet]
Orangensaft (m)	portakal suyu	[portakal suju]
Papaya (f)	papaya	[pɑpɑjɑ]
Paprika (f)	dolma biber	[dolma biber]
Paprika (m)	kırmızı biber	[kırmızı biber]
Pastete (f)	ezme	[ezme]
Petersilie (f)	maydanoz	[majdanoz]
Pfifferling (m)	horozmantarı	[horoz mantarı]
Pfirsich (m)	şeftali	[ʃeftali]
Pflanzenöl (n)	bitkisel yağ	[bitkisel jaa]
Pflaume (f)	erik	[erik]
Pilz (m)	mantar	[mantar]
Pistazien (pl)	çam fıstığı	[ʧam fıstı:ı]
Pizza (f)	pizza	[pizza]
Portion (f)	porsiyon	[porsijon]
Preiselbeere (f)	kırmızı yaban mersini	[kırmızı jaban mersini]
Protein (n)	proteinler	[proteinler]
Pulverkaffee (m)	hazır kahve	[hazır kahve]
Pute (f)	hindi	[hindi]
Räucherschinken (m)	tütsülenmiş jambon	[tytsylenmiʃ ʒambon]
Rübe (f)	şalgam	[ʃalgam]
Radieschen (n)	turp	[turp]
Rechnung (f)	hesap	[hesap]
Reis (m)	pirinç	[pirinʧ]
Rezept (n)	yemek tarifi	[jemek tarifı]
Rindfleisch (n)	sığır eti	[sı:ır eti]
Roggen (m)	çavdar	[ʧavdar]
Rosenkohl (m)	Brüksel lâhanası	[bryksel lahanası]
Rosinen (pl)	kuru üzüm	[kuru yzym]
Rote Bete (f)	pancar	[panʤar]
rote Johannisbeere (f)	kırmızı frenk üzümü	[kırmızı frenk yzymy]
roter Pfeffer (m)	kırmızı biber	[kırmızı biber]
Rotkappe (f)	kavak mantarı	[kavak mantarı]
Rotwein (m)	kırmızı şarap	[kırmızı ʃarap]
Rum (m)	rom	[rom]
süß	tatlı	[tatlı]
Süßkirsche (f)	kiraz	[kiraz]
Safran (m)	safran	[safran]
Saft (m)	meyve suyu	[mejve suju]
Sahne (f)	süt kaymağı	[syt kajmaı]
Salat (m)	salata	[salata]
Salz (n)	tuz	[tuz]
salzig	tuzlu	[tuzlu]
Sardine (f)	sardalye	[sardalje]
Sauerkirsche (f)	vişne	[viʃne]
saure Sahne (f)	ekşi krema	[ekʃi krema]
Schale (f)	kabuk	[kabuk]
Scheibchen (n)	dilim	[dilim]
Schinken (m)	jambon	[ʒambon]
Schinkenspeck (m)	domuz pastırması	[domuz pastırması]
Schokolade (f)	çikolata	[ʧikolata]

Schokoladen-	çikolatalı	[ʧikolatalı]
Scholle (f)	kalkan	[kalkan]
schwarze Johannisbeere (f)	siyah frenk üzümü	[sijah frenk yzymy]
schwarzer Kaffee (m)	siyah kahve	[sijah kahve]
schwarzer Pfeffer (m)	siyah biber	[sijah biber]
schwarzer Tee (m)	siyah çay	[sijah ʧaj]
Schweinefleisch (n)	domuz eti	[domuz eti]
Sellerie (m)	kereviz	[kereviz]
Senf (m)	hardal	[hardal]
Sesam (m)	susam	[susam]
Soße (f)	salça, sos	[salʧa], [sos]
Sojabohne (f)	soya	[soja]
Sonnenblumenöl (n)	ayçiçeği yağı	[ajʧiʧeɪ jaɪ]
Spaghetti (pl)	spagetti	[spagetti]
Spargel (m)	kuşkonmaz	[kuʃkonmaz]
Speisekarte (f)	menü	[meny]
Spiegelei (n)	sahanda yumurta	[sahanda jumurta]
Spinat (m)	ıspanak	[ıspanak]
Spirituosen (pl)	alkollü içkiler	[alkolly iʧkiler]
Störfleisch (n)	mersin balığı	[mersin balı:ı]
Stück (n)	parça	[parʧa]
Stachelbeere (f)	bektaşı üzümü	[bektaʃı yzymy]
Steinpilz (m)	bir mantar türü	[bir mantar tyry]
still	gazsız	[gazsız]
Suppe (f)	çorba	[ʧorba]
Täubling (m)	çiğ yenen mantar	[ʧi:i jenen mantar]
Tasse (f)	fincan	[findʒan]
Tee (m)	çay	[ʧaj]
Teelöffel (m)	çay kaşığı	[ʧaj kaʃı:ı]
Teigwaren (pl)	makarna	[makarna]
Teller (m)	tabak	[tabak]
tiefgekühlt	dondurulmuş	[dondurulmuʃ]
Tomate (f)	domates	[domates]
Tomatensaft (m)	domates suyu	[domates suju]
Torte (f)	kek, pasta	[kek], [pasta]
Trinkgeld (n)	bahşiş	[bahʃiʃ]
Trinkwasser (n)	içme suyu	[iʧme suju]
Tunfisch (m)	ton balığı	[ton balı:ı]
Untertasse (f)	fincan tabağı	[findʒan tabaı]
Vegetarier (m)	vejetaryen kimse	[vedʒetarien kimse]
vegetarisch	vejetaryen	[vedʒetarien]
Vitamin (n)	vitamin	[vitamin]
Vorspeise (f)	çerez	[ʧerez]
Würstchen (n)	sosis	[sosis]
Waffeln (pl)	gofret	[gofret]
Walderdbeere (f)	yabani çilek	[jabani ʧilek]
Walnuss (f)	ceviz	[dʒeviz]
Wasser (n)	su	[su]
Wasserglas (n)	bardak	[bardak]
Wassermelone (f)	karpuz	[karpuz]
weiße Bohne (f)	fasulye	[fasulje]

Weißwein (m)	beyaz şarap	[bejaz ʃarap]
Wein (m)	şarap	[ʃarap]
Weinglas (n)	kadeh	[kade]
Weinkarte (f)	şarap listesi	[ʃarap listesi]
Weintrauben (pl)	üzüm	[yzym]
Weizen (m)	buğday	[buudaj]
Wels (m)	yayın	[jajɪn]
Wermut (m)	vermut	[vermut]
Whisky (m)	viski	[viski]
Wild (n)	av hayvanları	[av hajvanларı]
Wodka (m)	votka	[votka]
Wurst (f)	sucuk, sosis	[sudʒuk], [sosis]
Zahnstocher (m)	kürdan	[kyrdan]
Zander (m)	uzunlevrek	[uzunlevrek]
Zimt (m)	tarçın	[tarʧɪn]
Zitrone (f)	limon	[limon]
Zucchini (f)	sakız kabağı	[sakız kabaı]
Zucker (m)	şeker	[ʃeker]
Zunge (f)	dil	[dil]
Zwiebel (f)	soğan	[soan]

çörek otu	[tʃørek otu]	Kümmel (m)
çam fıstığı	[tʃam fıstı:ı]	Pistazien (pl)
çapak balığı	[tʃapak balı:ı]	Brachse (f)
çatal	[tʃatal]	Gabel (f)
çavdar	[tʃavdar]	Roggen (m)
çay	[tʃaj]	Tee (m)
çay kaşığı	[tʃaj kaʃı:ı]	Teelöffel (m)
çeşni	[tʃeʃni]	Gewürz (n)
çerez	[tʃerez]	Vorspeise (f)
çiğ yenen mantar	[tʃi:i jenen mantar]	Täubling (m)
çikolata	[tʃikolata]	Schokolade (f)
çikolatalı	[tʃikolatalı]	Schokoladen-
çilek	[tʃilek]	Erdbeere (f)
çorba	[tʃorba]	Suppe (f)
öğle yemeği	[ø:le jemei]	Mittagessen (n)
ördek	[ørdek]	Ente (f)
üzüm	[yzym]	Weintrauben (pl)
ıspanak	[ıspanak]	Spinat (m)
şalgam	[ʃalgam]	Rübe (f)
şampanya	[ʃampanja]	Champagner (m)
şarap	[ʃarap]	Wein (m)
şarap listesi	[ʃarap listesi]	Weinkarte (f)
şeftali	[ʃeftali]	Pfirsich (m)
şeker	[ʃeker]	Zucker (m)
şeker	[ʃeker]	Bonbon (m, n)
şekerleme	[ʃekerleme]	Konditorwaren (pl)
şişe açacağı	[ʃiʃe atʃadʒaı]	Flaschenöffner (m)
ağızda kalan tat	[aızda kalan tat]	Beigeschmack (m)
acı	[adʒı]	bitter
Afiyet olsun!	[afijet olsun]	Guten Appetit!
ahududu	[ahududu]	Himbeere (f)
ak ağaç mantarı	[ak aatʃ mantarı]	Birkenpilz (m)
akşam yemeği	[akʃam jemei]	Abendessen (n)
alabalık	[alabalık]	Forelle (f)
alkollü içkiler	[alkolly itʃkiler]	Spirituosen (pl)
alkolsüz	[alkolsyz]	alkoholfrei
alkolsüz içki	[alkolsyz itʃki]	alkoholfreies Getränk (n)
ananas	[ananas]	Ananas (f)
anason	[anason]	Anis (m)
aperatif	[aperatif]	Aperitif (m)
armut	[armut]	Birne (f)
arpa	[arpa]	Gerste (f)
av hayvanları	[av hajvanları]	Wild (n)
avokado	[avokado]	Avocado (f)

ayçiçeği yağı	[ajtʃitʃeı jaı]	Sonnenblumenöl (n)
böğürtlen	[bøjurtlen]	Brombeere (f)
börek	[børek]	Kuchen (m)
bıçak	[bitʃak]	Messer (n)
başak	[baʃak]	Ähre (f)
badem	[badem]	Mandel (f)
bahşiş	[bahʃiʃ]	Trinkgeld (n)
baharat	[baharat]	Gewürz (n)
bakla	[bakla]	Bohnen (pl)
bal	[bal]	Honig (m)
balık	[balık]	Fisch (m)
bar	[bar]	Bar (f)
bardak	[bardak]	Wasserglas (n)
barmen	[barmen]	Barmixer (m)
bayırturpu	[bajırturpu]	Meerrettich (m)
bektaşı üzümü	[bektaʃı yzymy]	Stachelbeere (f)
beyaz şarap	[bejaz ʃarap]	Weißwein (m)
bezelye	[bezelje]	Erbse (f)
biftek	[biftek]	Beefsteak (n)
bir mantar türü	[bir mantar tyry]	Steinpilz (m)
bira	[bira]	Bier (n)
bisküvi	[biskyvi]	Keks (m, n)
bitkisel yağ	[bitkisel jaa]	Pflanzenöl (n)
Brüksel lâhanası	[bryksel lahanası]	Rosenkohl (m)
brokoli	[brokoli]	Brokkoli (m)
buğday	[buudaj]	Weizen (m)
buz	[buz]	Eis (n)
buzlu	[buzlu]	mit Eis
ceviz	[dʒeviz]	Walnuss (f)
cin	[dʒin]	Gin (m)
dana eti	[dana eti]	Kalbfleisch (n)
darı	[darı]	Hirse (f)
defne yaprağı	[defne japraı]	Lorbeerblatt (n)
deniz ürünleri	[deniz yrynleri]	Meeresfrüchte (pl)
dereotu	[dereotu]	Dill (m)
dil	[dil]	Zunge (f)
dilim	[dilim]	Scheibchen (n)
dolma biber	[dolma biber]	Paprika (m)
domates	[domates]	Tomate (f)
domates suyu	[domates suju]	Tomatensaft (m)
domuz eti	[domuz eti]	Schweinefleisch (n)
domuz pastırması	[domuz pastırması]	Schinkenspeck (m)
dondurma	[dondurma]	Eis (n)
dondurulmuş	[dondurulmuʃ]	tiefgekühlt
ekşi krema	[ekʃi krema]	saure Sahne (f)
ekmek	[ekmek]	Brot (n)
elma	[elma]	Apfel (m)
enginar	[enginar]	Artischocke (f)
erişte	[eriʃte]	Nudeln (pl)
erik	[erik]	Pflaume (f)
et	[et]	Fleisch (n)
et suyu	[et suju]	Brühe (f), Bouillon (f)

ezme	[ezme]	Paste (f)
fındık	[fındık]	Haselnuss (f)
fasulye	[fasulje]	weiße Bohne (f)
fesleğen	[fesleen]	Basilikum (n)
fincan	[findʒan]	Tasse (f)
fincan tabağı	[findʒan tabaı]	Untertasse (f)
garnitür	[garnityr]	Beilage (f)
garson	[garson]	Kellner (m)
gazlı	[gazlı]	mit Kohlensäure
gazsız	[gazsız]	still
gofret	[gofret]	Waffeln (pl)
greypfrut	[grejpfrut]	Grapefruit (f)
hafif bira	[hafif bira]	Helles (n)
hamburger	[hamburger]	Hamburger (m)
hardal	[hardal]	Senf (m)
havuç	[havutʃ]	Karotte (f)
havyar	[havjar]	Kaviar (m)
hazır kahve	[hazır kahve]	Pulverkaffee (m)
hesap	[hesap]	Rechnung (f)
hindi	[hindi]	Pute (f)
Hindistan cevizi	[hindistan dʒevizi]	Kokosnuss (f)
horozmantarı	[horoz mantarı]	Pfifferling (m)
hurma	[hurma]	Dattel (f)
iç	[itʃ]	Füllung (f)
içme suyu	[itʃme suju]	Trinkwasser (n)
iştah	[iʃtah]	Appetit (m)
incir	[indʒir]	Feige (f)
istiridye	[istiridje]	Auster (f)
jambon	[ʒambon]	Schinken (m)
köpek balığı	[køpek balı:ı]	Hai (m)
köygöçüren mantarı	[køjgøtʃuren mantarı]	Grüner Knollenblätterpilz (m)
kürdan	[kyrdan]	Zahnstocher (m)
kırıntı	[kırıntı]	Krümel (m)
kırmızı şarap	[kırmızı ʃarap]	Rotwein (m)
kırmızı biber	[kırmızı biber]	roter Pfeffer (m)
kırmızı biber	[kırmızı biber]	Paprika (m)
kırmızı frenk üzümü	[kırmızı frenk yzymy]	rote Johannisbeere (f)
kırmızı yaban mersini	[kırmızı jaban mersini]	Preiselbeere (f)
kıyma	[kıjma]	Hackfleisch (n)
kızılcık	[kızıldʒık]	Moosbeere (f)
kızartılmış	[kızartılmıʃ]	gebraten
kaşık	[kaʃık]	Löffel (m)
kabak	[kabak]	Kürbis (m)
kabuk	[kabuk]	Schale (f)
kadın garson	[kadın garson]	Kellnerin (f)
kadeh	[kade]	Weinglas (n)
kahvaltı	[kahvaltı]	Frühstück (n)
kahve	[kahve]	Kaffee (m)
kalamar	[kalamar]	Kalmar (m)
kalkan	[kalkan]	Scholle (f)
kalori	[kalori]	Kalorie (f)

karabuğday	[karabuudaj]	Buchweizen (m)
karaciğer	[karadʒier]	Leber (f)
karanfil	[karanfil]	Nelke (f)
karbonhidratlar	[karbonhidratlar]	Kohlenhydrat (n)
karides	[karides]	Garnele (f)
karnabahar	[karnabahar]	Blumenkohl (m)
karpuz	[karpuz]	Wassermelone (f)
kavak mantarı	[kavak mantarı]	Rotkappe (f)
kavun	[kavun]	Melone (f)
kayısı	[kajısı]	Aprikose (f)
kaymaklı kahve	[kajmaklı kahve]	Cappuccino (m)
kaz	[kaz]	Gans (f)
kek, pasta	[kek], [pasta]	Torte (f)
kereviz	[kereviz]	Sellerie (m)
kişniş	[kiʃniʃ]	Koriander (m)
kiraz	[kiraz]	Süßkirsche (f)
kivi	[kivi]	Kiwi, Kiwifrucht (f)
kokteyl	[koktejl]	Cocktail (m)
konserve	[konserve]	Konserven (pl)
konserve açacağı	[konserve atʃadʒaı]	Dosenöffner (m)
konyak	[konjak]	Kognak (m)
koyun eti	[kojun eti]	Hammelfleisch (n)
krema	[krema]	Buttercreme (f)
kuşkonmaz	[kuʃkonmaz]	Spargel (m)
kuru	[kuru]	getrocknet
kuru üzüm	[kuru yzym]	Rosinen (pl)
kuzu mantarı	[kuzu mantarı]	Morchel (f)
lâpa	[lapa]	Brei (m)
lahana	[lahana]	Kohl (m)
langust	[langust]	Languste (f)
likör	[likør]	Likör (m)
limon	[limon]	Zitrone (f)
limonata	[limonata]	Limonade (f)
mısır	[mısır]	Mais (m)
mısır	[mısır]	Mais (m)
mısır gevreği	[mısır gevrei]	Maisflocken (pl)
maden	[maden]	mit Gas
maden suyu	[maden suju]	Mineralwasser (n)
makarna	[makarna]	Teigwaren (pl)
mandalina	[mandalina]	Mandarine (f)
mango	[mango]	Mango (f)
mantar	[mantar]	Pilz (m)
margarin	[margarin]	Margarine (f)
marmelat	[marmelat]	Marmelade (f)
maydanoz	[majdanoz]	Petersilie (f)
mayonez	[majonez]	Mayonnaise (f)
menü	[meny]	Speisekarte (f)
mercimek	[merdʒimek]	Linse (f)
mersin balığı	[mersin balı:ı]	Störfleisch (n)
meyve	[mejve]	Frucht (f)
meyve suyu	[mejve suju]	Saft (m)
meyve, yemiş	[mejve], [jemiʃ]	Beere (f)

meyveler	[mejveler]	Früehte (pl)
morina balığı	[morina balı:ı]	Dorsch (m)
mutfak	[mutfak]	Küche (f)
muz	[muz]	Banane (f)
nar	[nar]	Granatapfel (m)
omlet	[omlet]	Omelett (n)
pancar	[pandʒar]	Rote Bete (f)
papaya	[papaja]	Papaya (f)
parça	[partʃa]	Stück (n)
patates	[patates]	Kartoffel (f)
patates püresi	[patates pyresi]	Kartoffelpüree (n)
patlıcan	[patlıdʒan]	Aubergine (f)
peynir	[pejnir]	Käse (m)
pişmiş	[piʃmiʃ]	gekocht
pirinç	[pirintʃ]	Reis (m)
pisi balığı	[pisi balı:ı]	Heilbutt (m)
pizza	[pizza]	Pizza (f)
porsiyon	[porsijon]	Portion (f)
portakal	[portakal]	Apfelsine (f)
portakal suyu	[portakal suju]	Orangensaft (m)
proteinler	[proteinler]	Protein (n)
reçel	[retʃel]	Konfitüre (f)
reçel, marmelat	[retʃel], [marmelat]	Marmelade (f)
rejim, diyet	[reʒim], [dijet]	Diät (f)
ringa	[ringa]	Hering (m)
rom	[rom]	Rum (m)
süt	[syt]	Milch (f)
süt kaymağı	[syt kajmaı]	Sahne (f)
sütlü kahve	[sytly kahve]	Milchkaffee (m)
sütlü kokteyl	[sytly koktejl]	Milchcocktail (m)
sığır eti	[sı:ır eti]	Rindfleisch (n)
sıcak	[sıdʒak]	heiß
safran	[safran]	Safran (m)
sahanda yumurta	[sahanda jumurta]	Spiegelei (n)
sakız kabağı	[sakız kabaı]	Zucchini (f)
sakız, çiklet	[sakız], [tʃiklet]	Kaugummi (m, n)
salça, sos	[saltʃa], [sos]	Soße (f)
salata	[salata]	Salat (m)
salatalık	[salatalık]	Gurke (f)
sandviç	[sandvitʃ]	belegtes Brot (n)
sarımsak	[sarımsak]	Knoblauch (m)
sardalye	[sardalje]	Sardine (f)
sazan	[sazan]	Karpfen (m)
sebze	[sebze]	Gemüse (n)
sinek mantarı	[sinek mantarı]	Fliegenpilz (m)
sirke	[sirke]	Essig (m)
siyah çay	[sijah tʃaj]	schwarzer Tee (m)
siyah biber	[sijah biber]	schwarzer Pfeffer (m)
siyah bira	[sijah bira]	Dunkelbier (n)
siyah frenk üzümü	[sijah frenk yzymy]	schwarze Johannisbeere (f)
siyah kahve	[sijah kahve]	schwarzer Kaffee (m)

soğan	[soan]	Zwiebel (f)
soğuk	[souk]	kalt
soğuk meşrubat	[souk meʃrubat]	Erfrischungsgetränk (n)
som balığı	[som balı:ı]	Lachs (m)
som, samon	[som], [somon]	atlantische Lachs (m)
sosis	[sosis]	Würstchen (n)
soya	[soja]	Sojabohne (f)
spagetti	[spagetti]	Spaghetti (pl)
su	[su]	Wasser (n)
sucuk, sosis	[sudʒuk], [sosis]	Wurst (f)
susam	[susam]	Sesam (m)
tütsülenmiş jambon	[tytsylenmiʃ ʒambon]	Räucherschinken (m)
tütsülenmiş, füme	[tytsylenmiʃ], [fyme]	geräuchert
tabak	[tabak]	Teller (m)
tahıl, tane	[tahıl], [tane]	Getreide (n)
tahıllar	[tahıllar]	Getreidepflanzen (pl)
tane	[tane]	Grütze (f)
tarçın	[tartʃın]	Zimt (m)
tat	[tat]	Geschmack (m)
tatlı	[tatlı]	süß
tatlı	[tatlı]	Nachtisch (m)
tatlı su levreği	[tatlı su levrei]	Barsch (m)
tatlı, lezzetli	[tatlı], [lezzetlı]	lecker
tavşan eti	[tavʃan eti]	Kaninchenfleisch (n)
tavuk eti	[tavuk eti]	Hühnerfleisch (n)
taze meyve suyu	[taze mejve suju]	frisch gepresster Saft (m)
tereyağı	[terejaı]	Butter (f)
tirbuşon	[tirbyʃon]	Korkenzieher (m)
ton balığı	[ton balı:ı]	Tunfisch (m)
turşu	[turʃu]	mariniert
turna balığı	[turna balı:ı]	Hecht (m)
turp	[turp]	Radieschen (n)
tuz	[tuz]	Salz (n)
tuzlu	[tuzlu]	salzig
ufak kek	[ufak kek]	Kuchen (m)
un	[un]	Mehl (n)
uskumru	[uskumru]	Makrele (f)
uzunlevrek	[uzunlevrek]	Zander (m)
vejetaryen	[vedʒetarien]	vegetarisch
vejetaryen kimse	[vedʒetarien kimse]	Vegetarier (m)
vermut	[vermut]	Wermut (m)
vişne	[viʃne]	Sauerkirsche (f)
viski	[viski]	Whisky (m)
vitamin	[vitamin]	Vitamin (n)
votka	[votka]	Wodka (m)
yılan balığı	[jılan balı:ı]	Aal (m)
yağlar	[jaalar]	Fett (n)
yaban mersini	[jaban mersini]	Heidelbeere (f)
yabani çilek	[jabani tʃilek]	Walderdbeere (f)
yayın	[jajın]	Wels (m)
yeşil çay	[jeʃil tʃaj]	grüner Tee (m)
yeşil salata	[jeʃil salata]	Kopf Salat (m)

yeşillik	[jeʃllɪk]	grünes Gemüse (pl)
yemek	[jemek]	Gericht (n)
yemek	[jemek]	Essen (n)
yemek kaşığı	[jemek kaʃı:ı]	Esslöffel (m)
yemek tarifi	[jemek tarifı]	Rezept (n)
yemişler	[jemiʃler]	Beeren (pl)
yengeç	[jengetʃ]	Krabbe (f)
yenir mantar	[jenir mantar]	essbarer Pilz (m)
yerfıstığı	[jerfıstı:ı]	Erdnuss (f)
yoğunlaştırılmış süt	[jounlaʃtırılmıʃ syt]	Kondensmilch (f)
yoğurt	[jourt]	Joghurt (m, f)
yulaf	[julaf]	Hafer (m)
yumurta	[jumurta]	Ei (n)
yumurta akı	[jumurta akı]	Eiweiß (n)
yumurta sarısı	[jumurta sarısı]	Eigelb (n)
yumurtalar	[jumurtalar]	Eier (pl)
zehirli mantar	[zehirli mantar]	Giftpilz (m)
zencefil	[zendʒefil]	Ingwer (m)
zeytin	[zejtin]	Oliven (pl)
zeytin yağı	[zejtin jaı]	Olivenöl (n)